[illegible]

COLLOQUES

DES MORTS

LES PLUS FAMEUX

COLLOQUES

DES MORTS

LES PLUS FAMEUX,

Condamnés par la loi portée contre les conspirateurs;

Ouvrage précédé d'une description rapide des vices de l'ancien régime.

43652

À PARIS.

Chez les marchands de nouveautés

L'an deuxième de la République.

Le ſtyle ſimple & familier étant précisément celui qui convient au dialogue, j'ai cru devoir l'employer, sur-tout d'après l'exemple de Fenelon qui malgré la beauté de ſon génie, fit parler les morts ſans affectation comme ſans élégance.

« Que n'a-t-on pas mis en uſage, dit Fontenelle, pour corriger les hommes ! on a mis la parole & la penſée ſur la langue des animaux, pour leur faire dire des vérités capables de frapper les eſprits les plus rebelles, & l'on a ſuſcité des ombres comme si elles s'intéressoient au sort des vi-vans, à dessein de leur donner des leçons. »

Je n'ai point eu d'autre objet dans cet ouvrage, qu'une instruction relative aux devoirs d'un vrai ré-publicain. Les reproches que s'y font mutuellement les morts, en conversant librement, prouvent qu'il est essentiel d'aimer sa pa-rie sans réserve, que les re-grets de ceux qui ont eu le mal-heur de s'en séparer sont éternels, qu'on ne peut être bon parent, bon ami, homme sincere & loyal, qu'on ne soit bon citoyen, qu'enfin la liberté, l'égalité, la fraternité font la bafe du véritable bonheur.

Si l'on remarque dans ces dialogues quelques traits propres à distraire le lecteur des idées lugubres & finiftres qu'offre le fpectacle de tant d'acteurs entachés d'incivifme, & coupables envers la patrie, c'eft que j'ai cru devoir agir ainfi qu'au théatre, où par le mélange de la tragédie & de la comédie, les ris fuccedent aux pleurs, parce que l'homme ne doit pas toujours rire, & ne peut pas toujours larmoyer.

L'esquiffe de l'ancien régime que

j'ai mis en face de cet ouvrage , étoit d'autant plus effentiel, que les morts que j'introduis fur la fcene , ne fe rendirent coupables, que pour en avoir pris les vices, ou pour y avoir été trop attachés. La corruption de la cour avoit gagné tous les états, de forte qu'on peut dire que depuis le premier , jufqu'au dernier de ceux qui ont été frappés , il n'y en a pas un feul qui n'ait payé fa dette.

Le monarque, les grands, les miniftres, les pré'ats, les financiers, les magiftrats, tous avoient péché, & nul d'entr'eux ne pouvoit se vanter d'être sans reproche. Ceux qui n'avoient pas pillé abusoient énormément de leurs richesses , soit en refusant toute assistance aux malheureux, soit en se livrant à des prodigalités révoltantes.

Le style oriental donnant plus d'énergie aux pensées , j'ai cru devoir l'adapter à la peinture vive & naïve que je fais de l'ancien régime , commencer chaque phrase par la syllabe *ET* , selon la méthode des asiatiques.

Si néanmoins cette tournure qui m'a paru la plus propre à tenir en

haleine mes lecteurs, étoit capable
de leur donner de l'humeur, je
leur dirois ce que le poëte des Bar-
reaux, dit au ciel en entendant un
coup de tonnerre, lorsqu'un vendre-
di, il faisoit une omelette au lard :
» Est-ce la peine de faire tant de
» bruit pour si peu de chose ! »

NOMS DES INTERLOCUTEURS.

COLLOQUES
DES MORTS
LES PLUS FAMEUX,

condamnés par la loi portée contre les conspirateurs.

IL y avoit une grande ville, située sur un grand fleuve, où l'on comptoit huit cent mille habitans ; elle étoit la capitale du plus beau royaume de l'Europe, & ce royaume étoit opprimé sous l'empire des despotes, qui ne se succédoient que pour abuser du pouvoir que le peuple leur avoit confié, et ces despotes avoient des agens qui exerçoient en leur nom, la plus affreuse tyrannie, & la veuve se plaignoit sans être entendue, & l'orphelin poussoit des cris sans exciter la moindre pitié.

Et des vexateurs soudoyés par le gouvernement assiégeoient les chaumieres, lui

A

feſtoient les hameaux, écraſoient les malheureux, & le laboureur qui n'avoit pas
de pain, étoit obligé d'acheter du ſel,
& ſon grabat ſe vendoit à l'encan, pour
payer la taille, le plus onéreux des impôts.

Et le payſan n'avoit d'autre bénéfice
de ſon labeur que des corvées, d'autre
reſſource que le déſeſpoir ; & ſa moiſſon,
au moment d'être récoltée, devenoit la
proie des animaux qu'on n'oſoit détruire,
ſans ſubir des amendes & des peines.

Et des ſeigneurs tiroient tout le ſuc des
campagnes, pour alimenter leur luxe &
leur orgueil ; & leurs vaſſaux périſſoient
accablés ſous le poids des malheurs.

Et des prélats, au mépris des loix
évangéliques, qui leur ordonnent de n'avoir
ni or ni argent, de ne dominer ſur per-
ſonne, de jeûner, de prier, tenoient
table ouverte, s'abreuvoient des vins les
plus exquis, n'avoient d'autre diocèſe

que la capitale, d'autre piété que celle de traîner un faste insolent jusqu'au pied des autels, répétant presqu'en mourant, ce que disoit jadis un de leurs collegues : *Seigneur, ayez pitié de ma grandeur.*

Et des moines, quoiqu'obligés par leur regle de vivre du travail de leurs mains, s'engraissoient d'une longue & sainte oisiveté, habitoient des palais, & ne prioient Dieu que par désœuvrement.

Et les manufactures n'existoient, qu'autant que la fantaisie des ministres ou d'un inspecteur n'en demandoit pas la suppression, & ce qu'il y avoit de plus rare & de plus beau, se vendoit à crédit aux personnes qualifiées, qui laissoient à leurs arrieres-petits-fils, le soin de payer, & les banqueroutes se multiplioient de toutes parts.

Et l'on semoit l'or dans les jardins, à dessein de les rendre stériles, & de les convertir dans des amas de ruines, &

cela sembloit délicieux, parce qu'il falloit, à quelque prix que ce fût, paroître anglais.

Et des chars, où l'on n'arrivoit que par des escaliers, ne promenoient plus que des messalines & des laïs, & les épouses des hommes titrés, n'avoient en partage que la douleur de voir leur dot & l'héritage de leurs enfans, absorbés dans la débauche, & tout passoit pour gentillesse, sans excepter l'escroquerie, pourvu qu'on eût des plaques & des cordons, & l'on appelloit gens comme il faut, gens comme il n'en falloit nulle part.

Et les marchandes de modes tenoient un état de leur travail, & on les consultoit de toutes parts comme les créatrices du bon goût, & elles avoient l'art de rajeunir les passions & de récrepir les visages.

Et les repas les plus somptueux, affichés parmi les financiers, comme le fi-

gnal d'une scandaleuse prodigalité , attî-
roient les personnes importantes de toutes
les classes & de tous les pays , & il y avoit
des jours pour les seigneurs , pour les
beaux esprits , pour les artistes & pour
les coquins , & ces derniers étoient fêtés
de préférence, comme gens très - utiles ,
& très-amusans.

Et l'on ne connoissoit plus d'autre sen-
sibilité que celle de s'apitoyer sur des
scenes amoureuses ou sur des aventures
romanesques , & l'on eût rougi de pleurer
la mort d'un pere ou d'un ami.

Et la qualification de roué , faisoit un
titre dans la meilleure compagnie, pour
y être désiré, & l'adulation jusque dans
la chaire de vérité, divinisoit des hommes
qui prostituoient l'humanité, & des *muscadins* escomptoient leur jeunesse, fâchés
de ne pouvoir accaparer tous les plaisirs,
pour en avoir de relais, & des vieillards,
s'efforçoient de rajeunir leur décrépitude

au sein d'une langoureuse & triste volupté.

Et les mœurs ne s'adoucissoient que pour caresser le vice, pour séduire la pudeur, & parmi le sexe même, il y avoit des cours d'obcénités, où l'on ne s'attachoit qu'à des estampes lubriques & des livres lascifs.

Et le mariage, quoique l'union le plus sacrée, ne cessoit de se donner en spectacle par les plus éclatantes séparations, & les enfans élevés dans le désordre & dans l'indépendance, apprenoient presque dès en naissant, à mépriser les auteurs de leurs jours.

Et l'on ne connoissoit plus d'honneur que celui de se battre en duel, plus de sermens que pour les violer, plus de promesses que pour les oublier, plus d'amitié que pour la trahir, & l'homme de qualité nioit jusqu'à sa signature, pour ne pas s'acquitter, & les créanciers étoient condamnés.

Et la magistrature vendoit la justice, ne jugeoit que les causes de faveur, n'offroit aux pauvres solliciteurs que de la morgue & de l'orgueil, n'avoit pour secrétaires, que des commis infideles qui prenoient à toutes mains, & les audiences endormies ne se réveilloient, que lorsque l'avocat s'égayoit aux dépens des plaideurs, tandis que le procureur griffonnoit, griffonnoit des rames de papier, à tant la page.

Et la présomption s'asseyoit fiérement à la place du génie; & le pédantisme se rendoit l'arbitre des réputations, & la réputation elle-même n'étoit que l'ouvrage de la cabale & de la tyrannie; & les auteurs les plus utiles vivoient sans espérance, & mourroient dans le besoin.

Et le mérite rélégué dans des lieux obscurs, gardoit l'incognito, & la vertu cédoit au vice les rangs & les honneurs,

Et une cour aussi prodigue qu'effrénée, s'élevoit au-dessus de ces desordres, com-

me en ayant la furintendance ; *car tel
étoit son plaisir*, & ces fardanapales pom-
poient toutes les richeffes de l'etat, ayant
feuls le droit de les épuiser ; & l'on y
fignoit prefqu'a toute heure des lettres de
cachet, des ordres, des bons, des bre-
vets au nom du roi qui n'en favoit rien,
quoique tout fe fit au nom de *sa pleine
science & de son plein pouvoir*.

Et l'on protégeoit le crime, on embaf-
tilloit l'innocence, on enrichiffoit les
avares, on récompenfoit l'ignorance.

Et les exemples les plus pervers ve-
noient a l'appui des plus finiftres confeils ;
& des femmes, à l'aide d'un fafte ridicule & d'un nom impofant, traînoient à leur
fuite les péchés capitaux, défolees de n'en
trouver que fept dans les catéchifmes,
ayant pour complaifans, j'ai prefque dit
valets, des grouppes d'abbés dont elles
trafiquoient les bénéfices, comme on
agiote les actions à la bourfe, & elles

les plaçoient grands - vicaires auprès des jolis prélats, pour groſſir leur cortége & gonfler leur orgueil, & le cardinal toiſoit l'évêque, le prince dédaignoit le marquis, le marquis mépriſoit le robin, & le tout enſemble faiſoit un monde à part, dont la petite nobleſſe oſoit à peine approcher, & cette demi-nobleſſe plus haute que la premiere, ne parloit que de ſes armoiries, de ſes alliances, de ſes parchemins, & ſe vengeoit des dédains de la cour, en ſe faiſant honneur d'humilier les plébéiens.

Et le plus mince ſeigneur de la plus mince paroiſſe, ne ceſſoit de faire retentir le palais de ſes plaintes ameres contre ſon curé, qui le chicanoit ſur les droits ſeigneuriaux; & l'égalité qui met tous les hommes de niveau, parce qu'ils ſont réellement tous égaux, paſſoit pour un attentat ou pour une chimere, & le riche devoit être inſolent à proportion de la qualité du maitre, & c'étoit la chose dont il s'acquittoit le mieux.

Et la liberté, le plus précieux apanage de l'humanité, n'étoit qu'un mot stérile, dont on avoit perdu jusqu'à la signification, tant le despotisme s'étoit accru depuis la fondation de la monarchie.

Et la police d'un côté, la censure de l'autre, entravoient tellement les esprits, qu'il faloit se défier de sa propre pensée.

Et les loix violées ou méconnues, n'avoient ni consistance, ni considération, & tout étoit à l'arbitraire, entre les mains de ceux qui tenoient les rênes; & les emplois ne se donnoient qu'à des gens ineptes ou tarés, & des places absolument nulles, quoiqu'extrêmement lucratives, se multiplioient à l'infini, dans les bureaux comme dans les armées, & le freluquet devenoit colonel, le prestolet, évêque, pourvu qu'on fût noble; & l'on étoit un personnage important, fût-on aventurier, efcroc, pour peu qu'on eût l'honneur de tailler aux jeux de hasard & d'intéreffer quelques feigneurs ruinés, ou quelque douairiere acariâtre, dont le front fillonné marquoit la galanterie & les années.

Et le peuple, ce peuple, qui porte le poids de la chaleur & du jour, quoiqu'à lui feul appartienne le pouvoir de confier l'autorité, fembloit n'être que toléré.

Et on le preffuroit comme une ven-dange, & on le regardoit comme les re-tailles de l'humanité, jufqu'à defcendre dans les fouterrains, à deffein de prendre note de plus ou moins bu, & de le trouver coupable.

Et des vexations aux barrieres, & des vexations de toutes parts, annonçoient dès l'entrée des villes, la plus grande tyrannie ; & plus de cent mille procès-verbaux, prefque toujours falfifiés, portoient la terreur & la défolation chez le payfan, comme chez l'ouvrier.

Et au milieu de ce débordement univerfel de vices & d'erreurs, une princeffe âgée de quinze ans, fortie du fein de l'Allemagne, s'avança jufque fur le territoire français, vint compromettre fa vertu, fous les yeux d'un fouverain crapuleux, qui fut cinquante-neuf ans monarque, & qui ne régna jamais.

Et fon petit-fils, petit à tous égards, fans autre qualité qu'une âme molle, & qu'un efprit verfatile, devint l'époux de Marie - Antoinette de Lorraine, & après avoir eu la douleur de voir fon mariage troublé par une fête, qui fut celle des trépaffés, il prit en 1774 les rênes du gouvernement, courant bride abattue dans tous les précipices qu'on ouvrit fous fes pas, & des miniftres, les uns imbéciles, les autres fripons, mais tous infolens, ne fe fuccéderent à l'envi que pour

abforbe

abforber les richeſſes de l'état, que pour faire de Verſailles un repaire de voleurs, ſans en excepter ce banquier, dont le miniſtere acheva de tout perdre; & les emprunts ſuccéderent aux impôts d'une maniere effrayante, juſqu'à créer des rentes viageres ſur quatre têtes, & une prétendue réforme ne ſervit qu'à maſquer les dépenſes.

Et le Maurepas, au lieu d'y veiller, vécut comme le ſouverain dans une parfaite inſouciance, auſſi mauvais miniſtre dans ſa vieilleſſe, qu'il l'avoit été ſous Louis XIV, dans le premier âge, n'aimant que les plaiſanteries & les quolibets.

Et l'infortunée Antoinette, après s'être montrée comme étourdie, ſupprima toute étiquette, prit l'air d'une fille, ſe joua des bienſéances, mettant à profit la foibleſſe du monarque, le captivant, l'emmaillotant & le berçant à ſon gré.

Et profuſions ſur profuſions, dettes ſur

dettes ; écarts fur écarts, il n'y eut plus d'autre thermometre à la cour, que celui de la folie, pour en régler les fêtes & les inftans ; on y donna des bals, on y fit des orgies, tandis que des quatre coins du royaume, on croit au pillage, à l'incendie, & que l'état s'en alloit en lambeaux, & l'on folâtra fur les bords d'un abîme fans en connoître la profondeur, fe donnant en fpectacle à l'Europe entiere par une infouciance impardonnable fur les plus fcandaleufes aventures ; ne fût-ce que celle du collier.

Et Lamoignon devint garde-des-fceaux, fans autre vue que fon ambition, & Brienne, malgré fon inconduite & fon ineptie, ne parvint au miniftere que pour perdre fa place, au cardinalat que pour être décardinalifé, & ce fut l'ouvrage d'Antoinette, qui foufflée par un Vermont, ne fut pas plus heureufe dans de tels choix, que dans celui de la Polignac & compagnie.

Et la cour dépenſa plus en modes & en chiffons, que le roi de Suede n'a de revenus, & l'indécence fut le modele qui donna la forme aux négligés, dont on fit ſa parure ordinaire.

Et l'on bâtit Compiegne, & l'on acquit Rambouillet, Saint-Cloud, & l'on embellit Fontainebleau, Trianon à prix d'or, ſans compter celui que Vergennes fit ruiſſeler ſur les mers juſqu'en Penſylvanie.

Et favorites et favoris, mirent Paris & le royaume à l'alambic, & le réduiſirent à n'avoir preſque plus ni mouvement ni vie.

Et le parlement, plus occupé de ſes intérêts que de ceux de l'état, ne voulut enregiſtrer ni le timbre, ni l'impôt territorial; & la nation alors, autant épuiſée que fatiguée, dit, enfin je me leverai, & elle ſe leva; je demanderai les états généraux ; & elle les demanda ; je reprendrai ma souveraineté, & elle la reprit, & j'engagerai les provinces à donner leur avis, & elles les donnerent ; & chaque heure vit éclore des plans de réforme en tout genre, les uns raisonnables, les autres ridicules, les uns approfondis, les autres superficiels, selon le génie de la nation, capable des plus grandes choses, & en même-tems des plus légeres, ainsi que César la définit.

Et des députés, qu'on nomma notables, s'assemblerent sous les yeux de la cour, & ce furent les passions rassemblées. La cupidité, l'égoïsme, l'orgueil, le luxe, jouerent leur rôle au mieux pour achever la ruine de l'etat, & cette singuliere association, l'ouvrage de l'anti-citoyen Calonne, se dissipa, laissant à chacun ses prétentions chimériques, et la France dans une crise qui donnoit peu d'espoir, mais la salle avoit été bien

décorée , mais la cour avoit paru
fous les dehors les plus brillans , c'eft-à-
dire avec un fafte qui mafquoit la mi-
fere , & c'eft tout ce que l'ancien régime
défiroit , lorfque des brochures à l'eau
forte , allumerent les efprits , les uns à
deffein de perpétuer le défordre , les autres
d'en arrêter le cours ; & il étoit tems.

Enfin le 4 mai 1789 , époque mémorable dans les annales de l'empire français , l'on peut dire de l'Europe , s'ou-
vrirent les états - généraux , & la cour
y parut avec un éclat qui commençoit à
fe ternir , & qui ne jettoit plus que
quelques lueurs incertaines.

Et le Mirabeau , quoique nouveau Janus ,
à raifon de fon double vifage , quoiqu'homme immoral , jetta les fondemens de
liberté , & ce fut fon génie foutenu de
fes poumons , qui attéra les efprits , &
leur fit prendre la direction qu'il voulut
tandis qu'un miniftre , auffi arrogant qu'a

tutieux, faifoit fourdement mouvoir à fon gré des curés de campagne, dont il te-noit les reflorts.

Et le tiers-état au pair de la nobleffe & du clergé, en dépit des intrigans, des clameurs & des débats, fe foutint armé de fes droits, & l'on eut beau s'égofiller, criailler, employer la langue dorée de Montefquiou, l'éloquence bronzée de Maury, les diftinctions s'éclipferent, les prérogatives s'anéantirent, & la peur, dont les romains firent une déeffe, tant elle a de pouvoir, toute foible qu'elle paroit, acheva ce que les raifons n'a-voient pu produire.

Et la Baftille tomba, & des têtes al-tieres féparées de leur tronc, furent portées en triomphe au milieu de la ca-pitale, & les tocfins fonnerent, & le peuple prit les armes, & chacun trem-bla, & la nation reffaisit enfin l'autorité dont elle s'étoit dépouillée depuis l'exaltation de Pharamond ; & Philippe Egalité, furieux d'un exil qu'il devoit employer à de folides réflexions, fit de fon palais un foyer qu'il artifa lui-même, & dont les feux jaillirent de toutes parts.

Et l'on alla d'abord à petit pas, et l'on prit la marche d'un géant, et chaque semaine vit déraciner l'arbre de la monarchie, affermir celui de la liberté, et le peuple qui n'en appercevoit encore que les premieres feuilles, avide de s'en faire une couronne, la treffa de fes mains, la mit fur fon front, entendit ces paroles que lui adrefferent fes réprefentans :

« Peuple, fi vous favez ne pas abufer de
» cette précieufe liberté, vous vivrez fans
» entraves, n'ayant d'impôts qu'autant que
» vous en pourrez fupporter, ne donnant
» rien, fi vous n'avez rien, vous trou-
» vant à l'abri des vexations du defpo-
» tifme, & des hauteurs de l'orgueil,
» parvenant à tout emploi, fi vous tra-

» vaillez à vous en rendre dignes , la naif-
» fance diftinguée, n'etant plus qu'un zéro ,
» un grand nom qu'un vain mot , la fou-
» veraineté qu'une délégation donnée à
» ceux qui en font revêtus. »

L'on ne fentit jamais mieux cette der-
niere vérité qu'au moment où Louis XVI
arraché de fon palais , après s'y être vu
environné des ombres de la mort , au
milieu des fabres & des fufils, vint à
l'hôtel-de-ville de Paris , reconnoître l'autorité du peuple , & faire folemnelle-
ment l'aveu de sa dépendance à l'égard
de la nation , dont il prit la cocarde ,
dépendance abfolument conforme aux
paroles qu'on lit dans le petit carême
du célebre Maffillon , ouvrage immortel
dont Voltaire ne pouvoit fe détacher ;
paroles adreffées à Louis X V lui-même:

« C'eft le choix des nations, dit ce
» grand orateur , qui mit le fceptre
» entre les mains des rois, ce font elles

» qui les éleverent fur le bouclier militaire ,
» & qui les proclamerent fouverains , de
» forte que la premiere autorité des mo-
» narques , venant du peuple , ils n'en
» doivent faire ufage que pour lui. »

Mais pour amener le ci-devant roi à ces grandes vérités , il lui falloit d'autres hommes que ceux dont il étoit entouré , ou plutôt il falloit le refondre , & lui donner non des connoiffances qu'il n'eût que de mémoire , mais des principes qui tinffent à un grand caractere , & qui ne l'auroient pas rendu vacillant , comme il le fut toute fa vie , mais qui l'auroient attaché folidement à la nation , de ma-niere à ne redouter ni les chocs, ni les tempêtes.

Et plus l'affemblée conftituante avançoit dans fes opérations , plus le pauvre s'é-fécrioit : je ferai donc maintenant autant que le riche qui me regardoit avec mé-pris ; plus le laboureur fe difoit : je ferai donc déformais compté pour quelque chofe dans l'ordre civil, & ils interrogerent le ciel fur la nature de leurs droits, & le ciel leur répondit : je n'ai ni d'autres étoiles, ni un autre foleil pour les nobles que pour vous, prenez toute la terre à témoin, elle vous montrera la pluie comme la rofée, fertilifant également le champ du pâtre & les domaines du clergé.

Et ces domaines retournerent à la nation comme un bien dont les miniftres des autels n'avoient que l'ufufruit, & des trois ordres on n'en fit qu'un pour établir l'égalité, & de nouveaux évêques prirent la place des anciens, à raifon d'un ferment qu'on établit, & qui devint une femence de divifions : & le peuple brifa les ftatues des rois dont la jactance & la tyrannie fembloient enchainer les nations, & ces changemens ne purent s'amalgamer avec l'efprit des nobles, qui avoient émigré plutôt que de renoncer à des chimères, telles que des titres & des cordons ; plutôt que de prendre sur leur fortune de quoi soulager les malheureux, lorsque le pauvre lui-même assiste le pauvre aux dépens même de sa subsistance, & ils aimerent mieux s'isoler de leurs parens & de leur patrie, que de reconnoître pour premier souverain, la nation qui, selon tous les publicistes anciens & modernes, l'est essentiellement.

Et ce funeste exemple entraîna Louis XVI lui-même, & quoiqu'il le condamnât extérieurement, il le suivit, en faisant une fugue à la faveur des ténebres ; & tandis que ses freres aussi mal conseillés que lui, s'échapperent au milieu des surveillans, il ne put les tromper, & il fut reconnu, arrêté, ramené captif avec sa sœur, sa femme & ses enfans.

Et pour augmenter ses malheurs, l'infâme Dumourier, aussi fourbe qu'intrigant, devint son bourreau, en lui conseillant de déclarer la guerre aux puissances ennemies.

qui pétilloient du defir de fe montrer.

Et cet ex-miniftre devenu général, homme auffi fourbe qu'intrigant, verfa l'or & le fang avec la même profufion, vendit leftement fa patrie, fous prétexte de la fauver, couvrit la terre de cadavres, fans pouvoir affouvir fa rage & fon ambition, vivant en sybarite au milieu du fer & du feu, ne recueillant d'autre gloire, qu'un opprobre éternel, ne s'affurant d'autre asyle qu'un échafaud qui ne peut lui manquer.

Et Lafayette, fon lâche précurfeur, dont le nom vient fe placer de lui-même au bout de la plume, quand il s'agit de trahifon, ne fe diftinguant que par de petits moyens, effaya d'endormir le peuple, fe livrant tantôt au monarque, tantôt à la nation, prêt à facrifier l'un & l'autre, felon que la chance en décideroit : grand homme en Penfylvanie, moins que rien en France.

Et

Et les maux qu'occ..fionnerent ces deux traîtres liés des mêmes intérêts, entachés de la même infamie, furent incalculables, & il en furvint des émeutes, des meurtres, des incendies, des combats sanglans, qui firent de la Flandre un cimetiere, des bords du Rhin un hôpital qui retracerent cette bouillante journée du dixieme août, journée prefque femblable à celle de la S. Barthélemy, époque où l'on vit la terre jonchée de morts & de mourans, où les peres tremblans, les meres éplorées cherchoient leurs fils, demandoient leurs époux, fe jettoient à corps perdu fur les cadavres enfanglantés, les rappellnat à la vie par les cris les plus aigus.

Et les émigrés, au lieu de profiter de l'amniftie qu'on leur accordoit, ne cefferent d'appeller les puiffances ennemies, & de leur rappeler que leur feule préfence en impoferoit aux français, eux qui devenus républicains, doubloient leur force, & triploient leur courage.

Et l'efprit patriotique les rendit invin-
cibles, je dis mieux impaffibles, dès le
premier inftant qu'il les faifit, & ils fe
rappellerent que, fous l'ancienne domination des rois, il n'y avoit de gloire que
pour les nobles, que les foldats de la claffe
du peuple, combattoient & mouroient
fans être honorés, abandonnés à la merci
des hafards, n'ayant d'autre efpoir que
la folde la plus mince, & fouvent mal
payée, & ils défient les élémens de pouvoir les arracher à leur devoir.

Et le ci-devant roi, non content du
fort qui lui affuroit la jouiffance de fes
domaines, vingt-cinq millions de revenu,
le droit de nommer aux premiers emplois,
de choifir fes ambaffadeurs & fes miniftres, d'avoir dix-huit cens gardes, tant
à pied qu'à cheval, enfin la puiffance
exécutive, & l'affurance d'une couronne
pour lui & pour les fiens à perpétuité, il
travailla fourdement aux moyens de rompre

un traité qu'il avoit juré, toujours incertain fur ce qu'il devoit faire, toujours n'écoutant que de lâches courtifans dont les finiftres confeils lui mériterent la plus funefte réclufion.

Et ce fut la tour du temple qui devint fa prifon, & c'eft là que déchu de fa couronne, rélégué avec fa famille, il dut fouvent fe repréfenter cette longue férie de rois & d'ayeux dont il terminoit la lignée, confidérer enfin dans fa perfonne les étranges viciffitudes de la vie; & fa malheureufe deftinée fut celle du roi d'Angleterre, Charles premier, & pour s'être féparé de la nation, la nation fe fépara de lui, & la journée du 21 janvier 1793, raffembla une multitude de fpectateurs autour de l'échafaud fur lequel il expira, pour avoir plongé le royaume dans les plus grands malheurs par fa foibleffe & par fon adhéfion aux plus pernicieux confeils.

C 2

Et les fuites funestes d'un *veto* accordé
au ci-devant roi, devinrent des scenes
d'horreur, & l'on força les prisons,
& des ruisseaux de sang tracerent sur le sol
de Paris cette effrayante époque, tandis
que la guerre la plus cruelle mettoit l'Europe en combustion.

Et la France, telle qu'un vaisseau lancé
sur une mer orageuse, affrontant la tempête, bravant les rochers, s'élevant au
dessus des écueils, gagnoit avec audace les
bords de la félicité, & des milliers ou
plutôt un million de soldats sortis de son
sein, tous patriotes ardens, tous enflam-
més du noble dessein de fonder une république *une*, *indivisible*, comme le
plus parfait & le plus solide gouvernement, se jetterent, en dépit des trahisons,
à travers le fer & le feu, mirent en
pieces les ennemis, pulvériferent les rem-
parts, reprirent les forts, les villes,
les ports de mer, presqu'aussi rapidement

qu'ils l'avoient projetté, tenant entre leurs mains, & la foudre, & la mort, & lorſque cinquante mille tomboient, cent mille autres ſe levoient, & les ennemis preſque toujours terraſſés, quoiqu'aguerris aux combats, s'écrioient avec tranſport : « quel pays, que celui des français, où, lorſqu'il s'agit de ſoutenir une guerre avec éclat, le courage & les richeſſes ne s'épuiſent jamais, où les hommes, lorſqu'on en a beſoin, naiſſent comme ceux de Cadmus, ſe montrant prêts à tout entreprendre & à tout exécuter. »

Et la république ſe conſolida de plus en plus, & pour augmenter ſes triomphes, une armée connue ſous le nom de la *Vendée*, vint ſe faire écharper au ſein de la France même, & les clameurs de cette horde inſenſée, furent les derniers hoquets du royaliſme, & les traces qu'elle laiſſe ſur ſon paſſage, les derniers veſtiges de l'ariſtocratie,

C 2

Et des révoltes inspirées par des mal-veillans qui ne veulent pas concevoir que le tems d'une révolution est celui d'un orage , se succéderent d'une province à l'autre, & le glaive de la loi fut sans cesse levé sur les conspirateurs , & Paris devint le théâtre des grands évé-nemens.

Et chaque jour vit tomber des têtes pour cause d'incivisme, & les ombres de ceux qu'on décolla (par un phénomène inoui) parlerent à haute voix, & Cha-telet & Biron, furent les premiers qu'on entendit converser.

Quiconque lira cet ouvrage , voudra li n se souvenir, & ne pas l oublier, que les ombres dont il est question, quoi-qu'ayant expié leurs forfaits par un sup-plice proportionné au délit, n'en sont pas moins rongées de remords , le crime de lese-nation étant aux yeux de la terre & du ciel même un attentat qu'on ne peut trop punir

PREMIER DIALOGUE.

CHATELET, BIRON.

BIRON.

JE ne vous demanderai ni par quel hasard vous êtes ici, ni comment vous y êtes arrivé. Il suffit de vous avoir connu, pour le deviner.

CHATELET.

Est-ce donc Biron qui parle ainsi ?

BIRON.

Lui-même : il ne falloit pas tant intriguer pour m'enlever une place que vous ne sûtes pas garder. Combien les mânes de mon oncle ne furent-elles pas indignées, quand vous devintes son successeur ! lui si affable, si juste, si généreux, se voir remplacé par l'homme de France le plus hautain, le plus minutieux, le plus fin ! quel contraste !

CHATELET.

Je ne fus avare à vos yeux, que parce que j'étois économe, orgueilleux, que parce que j'avois de la dignité : convenoit-il qu'un duc iſſu d'un ſang royal, oubliât ſon rang & ſon extraction ?

BIRON.

Léopold, ſouverain de la Lorraine & chef de la maiſon dont vous prétendez deſcendre, étoit pour le moins autant que vous, & il fut ſi populaire & ſi bon, qu'il eût chaſſé de ſa cour quiconque auroit eu votre morgue & votre dureté.

CHATELET.

Je n'imaginois pas que le langage des injures fût connu dans ce monde-ci.

BIRON.

Des injures ! ce ſont bien de pures vé-rités. Peut-on eſpérer des louanges & des douceurs quand on s'eſt fait un honneur de ne répondre au plébéien que par mo-noſyllabes, une loi d'entaſſer des millions, un bonheur de tourmenter le malheureux ſoldat pour la faute la plus légere ? alors on n'exiſte que pour être déteſté.

CHATELET.

Si votre ſupplice n'eût pas égalé le mien, je pourrois vous écouter. Apprenez qu'il faut être ſans reproche, quand on oſe s'ériger en cenſeur.

BIRON.

Je confesse avoir fait des fautes qui tenoient à la révolution, en rallentissant par ma négligence les opérations de la guerre dont j'étois chargé ; mais outre que vous manquâtes à la patrie, n'ayant ni l'âme, ni la franchise d'un homme loyal, vous eûtes des vices qui vous auroient rendu odieux dans tous les tems & dans tous les gouvernemens.

CHATELET.

Avouez que si je n'avois pas accepté le commandement des gardes-françaises, je ferois l'homme le plus honnête & le plus parfait à vos yeux.

BIRON.

Vous me paroîtriez toujours un personnage incapable d'être estimé.

CHATELET.

Et ce sera vous que des dettes accumulées, que des torts sans nombre, qu'une in conduite soutenue, depuis bien des années, avoient affiché de toutes parts, vous qui méritiez les égards du public, & qui deviez avoir la préférence pour succéder au maréchal.

BIRON.

Je fçus du moins, en dépit de mes défauts, me faire aimer. Il n'y a perfonne qui n'ait rendu juftice à ma popularité, & jamais on ne m'eût foupçonné de retrancher la moindre chofe au foldat : vous m'entendez ?

CHATELET.

C'eft ainfi qu'on juge les hommes d'après la calomnie.

BIRON.

Mais il ne falloit pas y donner lieu ; ceux qui vous crurent fils de Voltaire avoient une autre idée de votre perfonne ; car vous n'ignorez pas que ce bruit fe répandit lorfqu'on vous nomma ambaffadeur à la cour de Vienne, & qu'on dit alors qu'on ne vous permettroit pas d'y entrer, parce que les ouvrages de Voltaire y étoient défendus.

CHATELET.

Il paroît que vous favez encore vous égayer : le françois riroit aux enfers, difoit Piron.

L'hiftoire de ma prétendue origine auroit quelque vraifemblance, fi l'on ignoroit que les femmes favantes ne font jamais coquettes, & que Voltaire, quoiqu'un Hercule en prose comme en poésie, ne fut qu'un foible sujet tant en médecine, qu'en amour. On fait qu'il n'eut d'autre progéniture que des écrits immortels.

BIRON.

Mais outre qu'il est des exceptions, peu importe de qui vous êtes fils. Il n'y a que les vertus & le patriotisme qui donnent une existence; & fous ce point de vue, quelle feroit la vôtre?

CHATELET.

En ce cas nous faisons cause commune, ayant fubi le même jugement, & pour la même frénéfie, car c'est ainfi qu'on appelle dans ce lieu un égarement comme le nôtre. On y traite d'attentat toute parole & tout acte incivique; de forte que fi vous vous flattez de trouver ici de l'indulgence, vous vous abufez.

BIRON.

Quelque chofe que vous difiez, mes écarts n'approchent pas des vôtres, & quoique mon ame foit cruellement déchirée de remords, je fuis convaincu que la vôtre est plus horriblement tourmentée, & que votre plus grande douleur, fi vous daignez

en convenir, c'eft de n'être plus appelé **M.**
le duc, titre fi cher à votre orgueil. Pour
moi je fus duc fans arrogance, & malgré
mes écarts je fus me faire aimer. Si vous
avez le bon efprit de méprifer vos anciens
titres, il n'en fera pas de même de votre or.
Qu'eft-il devenu ? cela doit vous inquiéter.

CHATELET.

Eh ! qu'en ferois-je ici ?

BIRON

Ce que vous en faifiez pendant votre
vie..... n'y pas toucher, felon la coutume
des avares, qui craignent de l'ufer en y tou-
chant : leur feule jouiffance confifte à le regarder ; mais dites-moi, maintenant que
nous pouvons parler en liberté, que penfez-
vous de la révolution ?

CHATELET.

Qu'elle m'a trop fait de mal pour en dire
du bien, qu'elle fait trop de bien à la nation
pour en dire du mal. C'eft ainfi que le nouveau jour qui m'éclaire, me découvre la vérité.

BIRON.

Pour moi, je n'attendis pas ce moment
pour changer de manière de penfer. Je criai :
Vive

Vive la république, jusqu'à mon dernier moment.

La longue habitude d'un mauvais régime avoit ac outumé la France à le supporter; car il n'eſt que trop vrai qu'on s'habitue même à ſouffrir, ſelon ce que diſoit un fils à ſon pere, qui dans la crainte de l'enfer, vouloit reſtituer un bien mal acquis; vous n'y ferez pas quinze jours, qu'à coup ſûr vous vous y accoutumierez. Le bon-homme le crut & ne rendit rien.

CHATELET.

Au moins goûtez-vous ici le bonheu d'être à l'abri de vos créanciers, qui ne vous donnoient pas un moment de répit.

BIRON.

Dites plutôt que le ſouvenir d'avoir fait du bien, jouiſſance que vous n'avez jamais connue, allége les remords que j'épiouve en ce lieu.

CHATELET.

De quels remords parlez-vous ?

BIRON.

Du regret qui ne nous quittera jamais ni vous ni moi, celui d'avoir agi contre la nation.

IIᵉ DIALOGUE.

GILBERT DE VOISINS, LA VERDY.

GILBERT

Avouez, mon ancien confrere, que vous voilà bien puni de votre ambition.

LA VERDY.

Et vous, camarade, de votre émigration.

GILBERT.

Vous aimiez les honneurs.

LA VERDY.

Et vous les richesses. Il faut toujours à l'homme quelque chose qui remplisse son cœur.

GILBERT.

Vous aurez beau nier, on dira toujours qu'un avare aime l'or, cependant vous étiez dévot.

LA VERDY.

Et vous aussi.

GILBERT.

Du moins je ne fus jamais hypocrite.

La Verdy.

Je sais qu'on me prêta ce vice, mais bien à tort; jouer un pareil rôle sous le regne de Louis XV, c'eût bien été peine perdue.

Gilbert.

On veut néanmoins qu'avec l'attitude de l'homme le plus modeste, vous ayez tout employé pour devenir contrôleur général; la place étoit gracieuse; non que je vous soupçonne d'avoir volé, mais ayant épousé une femme riche, vous fûtes bien aise d'y joindre les honneurs. C'étoit une bordure à votre portrait.

La Verdy.

Dites plutôt que, lorsqu'on a quelques talens, on est flatté de les mettre au grand jour.

Gilbert.

Des talens? ah! mon ancien confrere; excusez ma naïveté; je ne m'en serois pas douté. Rien de plus pitoyable que votre lettre écrite aux états de Bretagne, au nom du roi, lettre qu'on mit en chanson, tant elle parut ridicule.

La Verdy.

Tout étoit alors en desarroi, & j'écrivis dans un moment de trouble & d'humeur, lorsqu'enfin je n'étois plus à moi.

GILBERT.

J'aurois au moins, dans quelqu'autre circonstance, rétabli ma reputation.

LA VERDY.

Si vous eussiez été à ma place?

GILBERT.

Hé bien !

LA VERDY.

Vous n'auriez sûrement pas mieux fait : on ne cessoit de crier à mes oreilles, argent, argent, lorsqu'il n'y avoit plus moyen d'en avoir ; & il falloit en trouver à toute heure, pour fournir à l'avidité d'une cour qui ne disoit jamais, c'est assez.

GILBERT.

Ou quitter sa place ; mais ce n'étoit pas votre projet.

LA VERDY.

C'est alors qu'on m'eût taxé d'incapacité : d'ailleurs ne savez-vous pas qu'on aime tout ce qui donne du relief. L'amour propre y trouve son compte, & jusqu'aux

audiences même qui fatiguent cruellement
un ministre, il s'en fait une telle habitude,
qu'effrayé de la solitude, dès qu'il n'est plus
en place, il se croit mort.

Convenez (vous ci-devant président
à mortier) que vous ne fûtes nulle-
ment indifférent aux honneurs qu'on vous
rendoit. On disoit même à haute voix que
vous aviez de la morgue, & que cela
déparoit votre piété.

G I L B E R T.

Ce fut le péché originel du parlement, &
je ne disconviens pas d'en avoir eu ma bonne
part ; mais on vous palioit moins qu'à moi
cette ridicule vanité ; j'étois enfant de la haute
robe, & le hasard vous y avoit conduit.

L A V E R D Y.

Et toujours de l'orgueil, même après la
mort !

G I L B E R T.

Je vous fais compliment sur votre nouvelle humilité, car il faut convenir qu'il
y avoit beaucoup de boursflure dans vos
fonctions de contrôleur général ; que la
canne à corbin, l'insigne de cette place,
vous sembloit un sceptre, lorsque vous
l'aviez à la main ; & que, dans la nuit qu

succéda au jour où vous fûtes nommé ;
vous auriez volontiers réveillé vos valets
pour leur demander si vous étiez réellement ministre. ainsi que ce bon mo ne qui,
doutant de son avenement au trône pon-
tifical , ne cessa de réveiller à tout instant
son camérier Antonio , pour savoir de lui
si ce n'étoit pas un rêve que son exaltation.

L'on sait qu'Antonio excédé de fatigue
& de sommeil, ne répondit aux questions
du S. pere , qu'en l'envoyant au-delà des
monts se faire, &c. Le pape en rioit
encore , quand les cardinaux vinrent savoir
des nouvelles de sa sainteté.

LA VERDY.

Mais c'est assez parler de nous-mêmes :
on nous a donc occis l'un & l'autre , par
la suite d'une révolution qui sûrement tien-
dra.

GILBERT.

On a toujours dit que ce que femme
vouloit, le ciel le vouloit. A bien plus
forte raison , quand il s'agit d'un peuple
entier. Le premier adage est une plaisanterie,
le second , une vérité.

LA VERDY.

D'après cela , comment émigrâtes-vous ?

GILBERT.

Par l'effet d'un malheureux fyftême qui étoit à la mode chez les gens de condition.

LA VERDY.

Mais qui n'étoit pas à l'ordre du jour. Quel chapitre dans l'hiftoire de France, lorfqu'on y parlera de la nobleffe émigrée ! étoit-elle au roi? elle ne devoit pas l'abandonner : étoit-elle à la patrie ? elle devoit y demeurer imperturbablement attachée. Cet article fera une feuille qu'il faudra arracher.

GILBERT.

Et quand on y lira qu'un ancien magiftrat fit jetter des grains, dans un tems où chacun fe plaignoit de la rareté du pain, que fera-t-on de la page ? on la brûlera. C'étoit fans doute un crime aux yeux de l'humanité.

LA VERDY.

Mais ces grains étoient gâtés.

GILBERT.

Vous vous accufez d'une maniere odieufe, en voulant vous excufer; c'est dévorer la fofiftance du peuple, que de la laiffer deperir.

La Verdy.

Mes gens voyant du bled à demi-pourri,
crurent ne pouvoir mieux faire que de le
jetter au hasard ; j'avoue qu'ils avoient tort.

Gilbert.

Et vous un plus grand : quand il s'agit de
la vie & de la mort des malheureux, on se
rend horriblement criminel de ne pas s'en
occuper. Tous les hommes vivent en nous-
mêmes, au point que lorsqu'ils souffrent,
nous devons souffrir. & qu'on ne peut,
sans manquer au premier devoir, mettre leur
existence au hasard.

La Verdy.

Mais cessons tout entretien, car on croi-
roit que nous vivons encore sur la terre
où l'on aime à caqueter.

Gilbert.

Cela me coûtera peu, je vous jure, ayant
toujours été plus silencieux que parleur.

Le cardinal le Camus dit à celui qui lui
fit hommage du livre intitulé : *l'art de
parler*, qui nous donnera *l'art de se taire* ?
Combien ce livre ne seroit-il pas nécessaire
aujourd'hui !

LA VERDY.

Pourvu qu'il n'en fût pas de cet ouvrage
comme d'un roman qu'on oublie aussi-tôt
qu'on l'a lu.

IIᵉ DIALOGUE.

FAUCHET, GORSAS.

GORSAS.

Ne seriez-vous p[illegible]on? je le crois ici.

FAUCHET.

Il n'y est poi[illegible] mais Pluton
l'attend. Je suis l'éve[illegible] Calvados.

GORSAS.

Tant pis pour vou[s]. Si vous n'eussiez
point eu le rage de le devenir, vous seriez
encore vivant. Si vous n'auriez pas subi le
sort du premier évêque de Paris.

FAUCHET.

A la différence que [illegible] ne suis pas venu
dans ce lieu [illegible] dans mes mains.

GORSAS.

Ou[illegible] importance, il n'y
a [illegible] qui coûte, le fardeau
p'eut être que très léger.

FAUCHET.

Eh ! comment ?

GORSAS.

Cela ne mérite pas d'explication.

FAUCHET.

Je vous entends, citoyen Gorsas, mais quand on s'est fait admirer à la cour, à la métropole, enfin dans tout Paris, où plus que par-tout ailleurs, il y a de la science & du goût, on n'a pas la tête aussi légere que vous croyez.

GORSAS.

Vous savez être modeste malgré votre orgueil ; car enfin vous pourriez citer le pays cy-là, où digne émule de polichinel, vous fîtes des tours de force en fait de charlatanisme, & d'une éloquence non moins triviale qu'ampoulée : car il faut l'avouer : un assemblage d'épithetes, de grands mots, des phrases insignifiantes, une déclamation théâtrale, des gestes forcés, des exclamations hors de propos : voilà dans toute la vérité, l'éloquence & le bon goût du saltimbanque Fauchet, qu'on alloit entendre comme on va chez Nicolet.

FAUCHET.

Et c'est le Gorfas, hué, chanfonné dans tous les pamphlets, traduit en vers, traduit en profe comme un écrivailler, à qui les ouvrages produifoient à peine quelques mauvaifes chemifes achetées fur le pont-neuf, qui s'émancipe à mon fujet. O Gorfas !

GORSAS.

O Fauchet ! votre génie mis tout entier dans un journal auffi-tôt éteint qu'allumé, s'évaporoit à mefure qu'on tournoit les feuillets, de forte qu'il n'en reftoit plus que de la fumée, qu'il n'y avoit ni fubftance, ni fuc ; & quand même il eût été chargé d'érudition, quel coup d'œil qu'un évêque journalifte, & qui ne le fut qu'à deffein de vomir de fales injures contre l'ex-capucin Chabot !

FAUCHET.

Vous ne me parlez ici que de mes hors-d'œuvres, au lieu de citer mes lettres paftorales à mes diocéfains.

GORSAS.

Je ne connois que celle où, quoique vivant en homme marié, vous vous élevez avec indignation contre les curés qui abjurent le célibat. Peut-être penſiez-vous comme le Tellier, archevêque de Reims, qui ſe réſer-voit le droit de ſe damner lui ſeul, mais qui ſe croyoit chargé d'empêcher ſes prêtres d'en faire autant.

FAUCHET.

Eh! comment, avec autant d'érudition et d'eſprit que vous en étalez, ne sûtes-vous pas vous mettre à l'abri du piège où vous êtes tombe?

GORSAS.

L'amour, ce petit vaurien qui égratigna votre cœur, comme vous en fîtes publi-quement l'aveu dans une lettre auſſi pi-toyable qu'indiſcrette, dut vous apprendre qu'on ne voit que l'objet qu'on adore, quand on eſt paſſionné. Une maitreſſe en m'appelant à Paris, m'y fit rencontrer la mort.

FAUCHET.

Les ombres ne pouvant connoître qu'i-déalement l'amour, je ne puis ni ne dois m'en occuper.

GORSAS.

Aimez - vous mieux qu'on vous parle d'ambition?

FAUCHET.

FAUCHET.

Encore moins. Elle fit mon malheur ainsi que le vôtre ; je voulus m'élever jusqu'à la prélature, j'en conviens, & vous peut-être jusqu'à la dictature, qui le fait? Un noble dessein mene plus loin qu'on ne pense. Je conçus le desir d'être évêque dès l'âge de dix-huit ans ; époque où je me fis dire par une paysanne, ma bonne aventure.

GORSAS.

Dites plutôt mauvaise.

FAUCHET.

Et l'on me pronostiqua que j'arriverois un jour à l'épiscopat, & que j'aurois l'abbaye de Saint-Germain-des-Pres.

GORSAS.

La bohémienne aura voulu dire que l'abbaye vous auroit un jour, puisqu'effectivement vous y fûtes renfermé. Mais pour une prophétesse de campagne, ce n'est pas trop s'éloigner du but, toute prédiction exigeant qu'on aide à la lettre.

FAUCHET.

Il en est effectivement de la plu-part des prédictions, ainsi que du son des cloche, qui l'on fait dire ce qu'on veut, parce qu'elles ne difent rien.

G O R S A S.

Et moi je dirai, car je ne prédis qu'après le paflé, qu'en mettant le Calvados en combuftion, vous ne connûtes ni l'égalité, ni la fraternité.

F A U C H E T.

Ne femb'eroit-il pas que vous fûtes impeccable, vous dont la tête eft tombée comme la mienne, avec la différence qne l'une étoit fur les épaules d'un homme loyal, & l'autre fur celle d'un....

G O R S A S

Achevez.

F A U C H E T.

Chacun le devine, & l'hiftoire le dira.

G O R S A S.

Tout homme inftruit fait que l'hiftoire en général n'eft que le répertoire de quelques vérités étouffées fous une multitude de menfonges, que les auteurs n'écrivent pour l'ordinaire que d'après leurs opinions ou leurs préjugés.

Si par exemple un prélat non-affermenté

écrivoit votre vie, penfez-vous qu'elle feroit fans partialité ? que ne diroit-il pas !

FAUCHET.

Chacun a fans doute fon opinion : Voltaire & Roufleau n'avoient ni la même maniére de penfer , ni la même façon d'écrire, quoique l'un & l'autre tiennent avec raifon une place des plus diftinguees dans les annales de l'efprit humain.

GORSAS.

Qu'en voulez-vous dire ?

FAUCHET.

Qu'ils fe feroient cependant réunis pour apprécier Gorfas , & pour dire ce qu'il étoit.

GORSAS.

Et quant à vous, pour dire ce que vous n'étiez pas ; car vous ne fûtes ni évêque, ni orateur, ni homme vrai.

FAUCHET.

C'eft affez : accablez l'un & l'autre du poids de nos fautes ; il doit ne nous refter , helas ! que des foupirs & non des mots.

IV.e DIALOGUE.

DUPORT, LEBRUN.

LEBRUN.

Au nom du ciel, que faites-vous là ? ne feroit-ce ont votre paquet pour aller aux champs-élysées ? vous savez qu'il faut emmagasiner des vertus, lorsqu'on se dispose à faire ce voyage.

DUPORT.

Je sais que nous autres gens à tête coupée, nous sommes tous en réquisition, les uns pour tomber dans l'Averne, les autres pour errer en différentes régions ; mais d'après le crime qui nous a conduit à l'échafaud, il n'y a point de champs élysées à espérer. L'arrêt est porté : quiconque meurt l'ennemi du peuple, dans tous les mondes possibles, est réputé proscrit.

Et combien ne fûtes-vous pas coupable, vous, sur-tout, qui devintes l'organe du

fcélérat Dumourier , ce monftre anti-fran-
çais, à qui la république devra peut-être un
million d'hommes envoyés chez les morts !

Quel cahos entre l'efprit & le cœur !
étoit-il croyable qu'après avoir fait le portrait le plus odieux des puiffances coalifées,
vous deviendriez fourdement leur agent !

LEBRUN.

Si Dumourier dont l'efprit verfatile tournoit au gré des plus criminelles paffions ,
n'eût pas pris le ton le plus propre à me
perfuader, je ferois.....

DUPORT.

Fh lequel ?

LEBRUN.

Celui de l'infinuation. Je vous ai démêlé,
me dit - il , comme l'être dont la fagacité
m'eft absolument néceffaire dans le revire-
ment de parti que je médite, & qui fera
notre bonheur , en nous rendant immortels.

A ces mots je ne suis plus moi-même,
ma vue fe brouille , mon cœur fe flétrit , &
je deviens l'efclave d'un fourbe qui me fé-
duit.

DUPORT.

Et moi qui me defcendis d'un quatrième

étage, où l'indigence me retenoit, que pour prendre les sceaux malgré moi, sans autre bu que de faire le bien, mais on avoit entouré les rois de tant d'hommages & de repects, que la majesté du trône m'en imposa tellement, que je devins pusillanime sous les yeux d'une cour pestilentielle, à raison des vices qui l'assailloient, & malgré mes fermes résolutions, je côtoyai l'aristocratie, dont je m'étois toujours éloigné.

LEBRUN.

Si nous étions encore du nombre des vivans, nous n'aurions garde de faire ces aveux; car la plupart des coupables ressemblent à ces foux qui se disent tous innocens, lorsque le duc de Vendôme les interrogea sur la nature de leurs délits. A les entendre, on eut juré que toutes les vertus n'existoient que dans leur cœur.

DUPORT.

La crise excitée par la révolution m'étonna au point de la regarder comme la révolution de la liberté qui devoit nécessairement causer des peines, & des convulsions, je ne vis que des symptômes effrayans, sans penser qu'il en est des empires, comme du corps humain qu'il faut émétifer, lorsqu'il a befoin d'une forte commotion.

La France se trouvoit dans un état apoplectique, & ne pouvoit en revenir que par la violence des secouſes qu'on emploie en pareil cas, & c'étoit l'heure où chaque particulier devoit se faciliter. Ici je parle avec la franchiſe d'une ombre qui ne craint plus la mort, & qui éclairée d'un nouveau jour, voit la vérité ſans nuage.

LE BRUN.

Je vis ce qu'il y avoit de mieux, & j'embraſſai le plus mauvais parti, & c'eſt ainſi que l'homme, preſque toujours mené par les circonſtances, devient un roſeau, s'il eſt attiré par l'ambition & par la cupidité, deux grands mobiles du cœur humain.

Je connois maintenant mes écarts; ils m'engagèrent, dès le tems que j'étois journaliſte à Bruxelles, à prêter ma plume, tantôt aux Brabançons, tantôt à Léopold. Sans doute le ciel en aura été indigné.

DUPORT.

Il y a long-tems que les folliculaires ont accoutumé les dieux à les voir écrire pour & contre, ſans qu'on puiſſe les corriger, on eut beau couper les doigts à Fontana qui, dans les guerres de Florence, écrivoit à toutes mains, de la droite pour les uns, de la gauche pour les autres, & qui se faisoit payer des deux partis, il vint à bout d'écrire avec le pied.

LEBRUN.

C'est l'histoire de Mirabeau qui, dans le fameux procès entre son pere & sa mere, fit à l'insçu l'un de l'autre, des memoires pour & contre, & reçut un double salaire.

DUPORT.

Il résulte de toutes nos réflexions, que la cour, foyer des intrigues & des passions, fit notre malheur comme celui d'une infinité d'autres, & que les cours en général, pays où l'on sait si bien dorer les vices, si bien colorier les erreurs, ne sont propres qu'à tendre des pieges à ceux qui ont la stupidité de s'y laisser prendre.

LEBRUN.

Je crus avoir dans mes mains la fortune & la gloire, quand je me vis à la tête des affaires étrangeres; je crus que, maître des vents & des flots, je n'avois rien à redouter des tempêtes, & que,

sous le pavillon du perfide Dumourier,
j'arriverois à la contre-révolution: le scélérat! il étouffa jusqu'à la dernière étin-
celle patriotique qui subsistoit encore dans
mon cœur.

DUPORT.

Que de malheureux dont il a causé la
mort, qui arrivent en ce lieu! l'on n'en-
tend qu'imprécations contre lui sur les rives
où les âmes sollicitent leur passage auprès
de Caron.

LEBRUN.

Mais d'où viennent ces voix plaintives?

DUPORT.

Ce sont celles d'une multitude de souverains
qui loin d'avoir été les peres du peuple,
en furent les tyrans.

LEBRUN.

Grand sujet de réfléchir sur les miseres
humaines!

DUPORT.

Pensez-vous que les empereurs romains
soient du nombre de ces plaignans?

LEBRUN.

Eh qui en doute? excepté Titus, Marc-

Aurèe, Trajan, & peut-être quatre ou cinq autres, il n'y en a pas un seul qui n'ait mérité les plus longs châtimens.

DUPORT.

On croit lire l'histoire des bêtes féroces, quand on voit celles d'un Néron, d'un Héliogabale, d'un Tibére, d'un Dioclétien. Sous leur regne ou plutôt sous leur tyrannie, la terre fut le théâtre des guerres les plus sanglantes.

LEBRUN.

S'ils eussent vécu de nos jours, combien n'auroient-ils pas été surpris des ressources de la France & de ses succès! ils auroient craint de se mesurer avec une nation si guerrière, si nombreuse & si riche. Il ne s'agit que d'ouvrir les mains, disoit le ministre Turgot, pour y recueillir des trésors. Eh! quelles brêches ne réparent-ils pas, lorsqu'ils sont sagement administrés?

Un ambassadeur espagnol observoit autrefois que les quatre fleuves dont la France est arrosée, valent le Potosi.

DUPORT.

Il est sans doute fâcheux que nous ne

puissions renaitre au bout de quelques années , pour voir la richesse des villes &
des campagnes que la révolution aura pro-
duite ; nous entendrions le paysan s'écrier
en admirant son champ : c'est une divinité
bienfaisante qui a fertilisé nos contrées , en
nous affranchissant des impôts : nous ver-
rions le peuple mettre la poule au pot , ce
que lui promit Henri IV , & ce que jamais
il n'effectua.

L E B R U N.

Heureusement n'ayant plus de corps à
sustenter , nous n'avons désormais besoin
ni de la fécondité des vignes , ni de la fer-
tilité des champs , ni des précautions qui
garantissent des maladies , & de l'intem-
périe des saisons.

D U P O R T.

Mais avec la différence que nous ne goû-
terions point cette volupté pure que l'on res-
pire dans les champs-élysées , si les dieux
justement irrités de notre incivisme, ne savoient pas pardonner.

L E B R U N.

C'est-à-dire que nous sommes en réquisition jusqu'à ce qu'il leur plaise d'améliorer
notre sort ; & si cela n'arrivoit pas, que
feroit - on ?

DUPORT.

Se taire. Ici les murmurateurs & les impatiens n'ont pas beau jeu.

LEBRUN.

Y auroit-il des lettres de cachet ?

DUPORT.

Ceux qui en expédioient jadis par milliers, gémissent dans l'Averne, & n'ont sûrement pas envie d'en distribuer, excepté le S. Florentin, dont la punition consiste à le desirer avec ardeur, sans pouvoir y parvenir.

LEBRUN.

Ce ministre, qui en quittant la cour, obtint pour toute grâce d'en faire signifier six dans le cours de chaque année, disant que c'étoit ses menus plaisirs ?

DUPORT.

Dites plutôt le profit de ses gens, qui en vendoient aux prélats affamés d'en avoir contre les jansénistes dont ils juroient saintetement la perte

Vᵉ DIALOGUE.

MARIE ROLLAND, CHARLOTTE CORDAY.

ROLLAND.

Agréez que je vous entretienne, non sur le forfait dont vous vous rendîtes coupable, mais sur le secret que vous sûtes si bien garder. Je connois mon sexe, & pour une femme, ce n'est pas une médiocre vertu.

CORDAY.

J'aurois cru que mon courage vous auroit plus frappé, que le silence dont vous parlez.

ROLLAND.

Comme je suis courageuse moi-même, & peut-être autant que vous, par la maniere dont je bravai la mort, votre héroïsme ne m'a point étonnée.

Mais comment imbue du republicanisme, formâtes-vous l'atroce projet d'assassiner celui qui en étoit le plus ardent défenseur?

CORDAY.

Je crus voir dans la feuille quotidienne,

F

un frénétique , moins propre à propager la liberté qu'à l'étouffer ; ma tête s'échauffa, mon imagination s'alluma , & passionnée pour le bien public , je pris mon élan , & je partis comme autrefois Judith , pour couper la tête d'Holopherne.

ROLLAND.

C'est-à-dire qu'à votre compte votre crime ne seroit qu'une erreur. On n'en a pas jugé de même.

CORDAY.

J'en connois maintenant l'énormité ; quoiqu'en lui donnant le coup de la mort , je l'aie rendu immortel.

ROLLAND.

Mais s'il étoit vrai , comme disoit Voltaire , qu'un jour de vie valût mieux que mille ans dans l'histoire , Marat se seroit bien passé de cette célébrité. Ce qu'il y a de sûr , c'est que de quelque maniere qu'on pense , on le préconisera comme un martyr de la liberté. Qui vous inspira ce dessein ?

CORDAY.

Moi seule en conçus le projet , moi seule l'exécutai ; & quand on me suppos

n'avoir agi que par *le* conseil d'un Fauchet, l'être le plus méprisable à mes
yeux, l'on m'avilit autant qu'on m'affligea.

ROLLAND.

Puis-je vous demander comment vous
vous trouvez dans ce lieu ?

CORDAY.

Comme une personne dont le corps
repose, mais dont l'âme tourmentée
cherche une situation propre à la tran-
quilliser, sans pouvoir la trouver.

ROLLAND.

C'est la suite des crimes qu'on a commis. J'éprouve par moi-même, combien
le souvenir en est pénible & douloureux.
Mais quelles sont ces ombres qui vont
& viennent, qui errent autour de nous,
elles me paroissent profondément affligées ?

CORDAY.

C'est qu'il n'y a que dans les champs-
élysées, où les morts jouissent du bonheur
que procure une vie sans reproche. Ici les
uns soupirent après leurs trésors, les autres
après leurs amours, & c'est leur supplice.

ROLLAND.

J'avoue que je ne fus point insensible

au sentiment d'une belle passion ; mais comme j'ai appris à mes dépens qu'on doit toujours être au gouvernement sous lequel on exilte, j'oublie tout l'attirail de la galanterie, le souvenir des romans, les plaisirs sensuels, pour vivre d'une maniére intellectuelle dans un pays où il n'y a que des esprits.

CORDAY.

Quant à moi, ni sur le globe terreftre, ni sur celui-ci, jamais l'amour ne me décocha ses traits. Il aura craint de se compromettre, en attaquant un cœur dont la place étoit prise par la plus vive passion pour la gloire & pour des coups d'éclat.

ROLLAND.

Tant il eft vrai que notre sexe n'eft foible qu'en amour, & que lorsqu'il en triomphe, il n'y a point de héros qu'il n'efface.

CORDAY.

Douée d'un grand caractere, d'une énergie peu commune, si je sus donner aux forfaits même une fublimité qu'on admira, combien n'aurois-je pas acquis aux yeux de l'univers, en ne me dévouant qu'à des actes héroïques, avoués par la vertu ; mais hélas ! . . .

ROLLAND.

C'eſt toujours l'amour qui nous domine, ſi ce n'eſt celui qui enchaîne les amans, c'eſt l'amour propre : l'héroïſme ne ſe ſoutient que par l'orgueil. Peut-être fûtes-vous dupe de la vanité, en croyant agir par un plus noble motif.

CORDAY.

Il y a des âmes attachées à la gloire, comme à l'amour, au bonheur, comme au malheur, & c'eſt la ſuite d'une deſtinée dont on ne peut rendre compte, & qui imprime ſur le front & dans le cœur des mortels ce qu'ils feront ; j'ai ſuivi le plan qu'elle m'avoit tracé, quoiqu'il ne fût pas le meilleur ; à qui m'en prendre, ne connoiſſant ni la puiſſance qui arma mon bras, ni celle qui détermina ma volonté ?

ROLLAND.

D'après vos idées qui me ſemblent lumineuſes, puis-je vous demander ce que vous penſez de la guerre extraordinaire qui met toute l'Europe en combuſtion ? quelle en ſera la ſuite ?

CORDAY.

Celle d'un chariot dont l'attelage

composé d'un chameau , d'un dromadaire,
d'un élan, d'un bœuf, d'un cheval,
d'un lion, d'un âne, d'un bouc, d'un
léopard , finiroit par ébranler la voiture,
& par la culbuter. Les puissances coalisées
offrent cette image , tandis que les français tous de la même force , tous de la
même espece , tous de la même nation ,
tous marchant d'un pas égal , tous sous la
même loi , mettront en déroute leurs ennemis , & l'on verra le prussien , l'anglais ,
l'autrichien aller chacun de son côté , & la
république , une , indivisible , s'affermir de
maniere qu'elle restera maitresse du champ
de bataille , & bien assurée de le gouverner
à son gré.

ROLLAND.

C'est d'autant plus juste , que Frédéric ,
ainsi que je l'ai lu , triompha de l'Europe
entiere après l'affaire de Rosbach, parce
qu'il n'avoit que des prussiens.

CORDAY.

Et d'ailleurs est-il une nation qu'on puisse
priver du droit de se donner le gouvernement qu'elle veut ? Tous les rois , sans oublier Louis XIV , quoique le monarque
le plus altier , n'en vinrent-ils pas au point

d'envoyer des ambassadeurs à Cromwel?

ROLLAND.

On ne croit pas chez les mortels, qu'on politique encore après la mort.

CORDAY.

C'est qu'il n'y a dans le monde d'où nous sortons, que des incertitudes sur cet objet. Le matérialiste ne voit que l'anéantissement, le philosophe qu'un passage dans les champs-élysées, le voluptueux que la jouissance des houris dont parle Mahomet, le dévot qu'une source de délices purement spirituelles, sortant du sein de l'être suprême.

ROLLAND.

C'est-à-dire, que chacun fait de la mort un simulacre qu'il arrange d'après sa maniere de vivre & de penser.

CORDAY.

Ce qu'il y a de sûr, c'est qu'Young dont je lus & relus les écrits, en fit la maitresse, & que j'en fis mon amie.

ROLLAND.

Il ne faut pas disputer des goûts, répondit Procope le médecin à ceux qui luï reprochoient d'avoir careffé la mort dans une ode adreffée à cette deſtruc- trice du genre humain.

Vous m'aurez pour long-tems, lui diſoit-il, dans les vers les plus ingénieux , au lieu que mes maitreffes ne me gardent que quelques jours.

CORDAY.

Si la mort n'eût eu que sa faulx, ob- fervoit un ancien , on l'auroit trouvée bien moins barbare ; mais les hommes l'ont ar- mée de tous les inſtrumens propres à punir les crimes, en exterminant les criminels.

Encore ſi après nous avoir frappé , les champs-élysées nous étoient ouverts , ce fe- roit un plaiſir de mourir.

J'avoue que mon courage m'aveugla , & que dans l'enthouſiasme quï m'avoit en- ivrée , je crus y entrer sur-le-champ.

ROLLAND.

J'y avois ſans doute plus de droit que vous , comme ayant été féduite par un mari qui m'entraîna dans le précipice.

L'erreur femble être le partage des hommes de génie; dans les révolutions , c'eſt presque toujours leur écueil.

C O R D A Y.

'Alors l'ambition ſaiſit l'homme à talens ; il s'abîme en voulant s'élever, & trompé par l'orgueil, il n'évite un piége que pour tomber dans un autre.

R O L L A N D.

Au reſte, il s'en eſt puni lui-même en se donnant la mort.

C O R D A Y.

Les animaux plus ſages que l'homme, ne ſe la donnent jamais.

R O L L A N D.

On ſeroit embarraſſé de dire s'il y eut plus de ſuicides cauſés par le malheur, que par le reſpect humain ; nombre de perſonnes ne ſe tuent que par la honte de ſurvivre à quelque affront.

C O R D A Y.

Comme il ne s'agit que de quelques jours de plus ou de moins, & peut être de quelques heures, la vie de l'homme n'étant pas appuyée, même ſur une minute, on peut bien attendre la mort, d'autant plus qu'elle vient toujours à point nommé.

ROLLAND.

On difoit que les anciens la redoutoient moins que les modernes, & je penfe que ce n'étoit que dans leurs livres ; il y a tant de diftance de l'efprit au cœur, que l'âme eft souvent étrangere à ce que la plume écrit. Que d'amans confondus, lorsqu'on oppofe leur conduite à leurs propres lettres !

CORDAY.

Il y a long-tems qu'on a dit que la femme déguife fon vifage, & l'homme fon efprit.

ROLLAND.

Ainfi les belles expreffions qu'un amant emploie dans une lettre qui femble paffion-née, ne font pour l'ordinaire que des phrafes de toilette, qu'on peut appeler le fard de l'efprit & du cœur.

CORDAY.

Les ombres font heureufement à l'abri de cet artifice. Ici tout eft naïf, parce que tout eft vrai.

ROLLAND.

Peut-être que fi l'amour s'y fût gliffé, l'on n'y feroit pas plus fincére que fur la terre.

C O R D A Y.

Qu'y feroit-il, lui qui tient au phyfique
encore plus qu'au moral

J'aimerois affez à voir fon embarras, s'il
étoit poffible qu'il paffât d'un ferrail dans
ce lieu.

R O L L A N D.

Il finiroit par fe fpiritualiser, comme il
arrive à l'égard de deux perfonnes qui vieil-
liffent, & qui après s'être aimées à la rage,
finiffent par s'eftimer.

VIe DIALOGUE.

CUSTINE, LUCKNER.

C U S T I N E.

Pauvre maréchal ! comment, c'eft vous !
Au refte, à votre âge, il eft affez naturel de
mourir.

L U C K N E R.

Qu'appellez-vous, mon âge ? par la fam-

bleu ! ce n'est pas lui qui me fait venir ici ;
par la petite goutte que moi buvois de
tems en tems, ma santé me promettoit
encore quinze ans de vie en entier.

Pour moi le bon vin avoit toujours été
mon médecin, & j'avois soin qu'il me
fit souvent des visites.

CUSTINE.

C'est ici le vrai goût militaire. Frédéric
ne se battoit jamais mieux, que lorsqu'il avoit sablé deux bouteilles de vin de
Champagne, & pris trois tasses de café:
& le bonnomme Horace qui ne seroit pas
jeune aujourd'hui, mais qui le sera toujours
pour ceux qui aiment la belle poésie, ne
connoissoit pas de meilleur remède que le
vin, pour chasser la tristesse.

LUCKNER.

A merveille: mais dans le chemin que
je viens de parcourir, pas plus que dans
ce lieu, on ne trouve ni vin ni cabaret;
il paroît que le pays n'en produit pas, &
qui diable en apporteroit ?

CUSTINE.

Mais ce n'est pas la guillotine qui vous
amene ici ?

LUCKNER.

LUKNER.

Le diable de guillotine m'a tué tout comme vous. J'ai passé le cou à travers une planche, & dans le moment j'ai voulu chercher ma tête & mon bras, il n'y en avoit plus. Il ne me reste pas plus qu'à vous, qu'une ombre, qui ne peut ni boire, ni dormir, ni s'asseoir. Par ma foi , je ne sais ce que c'est que cela.

CUSTINE.

C'est ainsi qu'on est dans ce monde nouveau. L'on y a beaucoup plus d'étendue d'esprit, & voilà tout.

LUKNER.

Moi l'oreille dure, moi n'avoir rien entendu, moi si vite expédié, que j'ignore encore si je suis mort ou vif.

CUSTINE.

Oh ! vous êtes bien mort, je vous en réponds.

LUKNER.

Ne pouvant plus boire, je le crois. Vous être le général Custine ?

C U S T I N E.

Tout-à-fait... & mon malheureux fils, est-il toujours en prison?

L U K N E R.

Depuis qu'on nous a si bien accommodés l'un & l'autre, par ma foi je ne l'ai plus vu.

C U S T I N E.

Comment? que voulez-vous dire?

L U K N E R.

Qu'il doit être ici.... & même avant moi, si chaque mort prend le même chemin; car je suis si fraîchement occis, que je n'ai pas encore eu le tems de me reconnoître.

C U S T I N E.

Juste ciel! quelle généalogie de malheureux! Le pere, le fils....& la bru qui sûrement se désespere.

L U K N E R.

Et mes enfans se désespérent aussi. Ce qu'il y a de fâcheux, c'est que moi voir que toute cette diablerie-là, on n'en peut revenir; & moi bien payé, pour avoir servi la France depuis plus de trente ans

CUSTINE.

Ah! maréchal! vous vous êtes long-
tems reposé.

LUKNER.

Mais en demandant toujours à être employé. Encore si nous étions morts à l'armée. Un coup de canon devoit être mon
dernier adieu.

CUSTINE.

Mais qu'est-ce qu'on vous a reproché?

LUKNER.

La même chose qu'à vous, de la
trahison.

CUSTINE.

Et à mon fils ?

LUKNER.

Un petit peu de trahison. Il y eut sur
mon compte un caquetage qui ne fi-
nissoit pas. Ici l'on disoit, il boit; là, il
est sourd; ailleurs c'est un allemand;
il trahira. Il auroit fallu, pour bien faire,
vivre à sec, n'être pas né allemand, &
renaître de je ne sais qui, & je ne sais
par où.

CUSTINE.

Il falloit être franc républicain. Un maréchal doit donner l'exemple ; mais vous aviez
l'air de tenir encore au royalisme.

LUKNER.

La ré·ublique ne m'étoit pas connue, et
j'avois besoin de faire connoiſſance avec
elle; je l'aurois aſſurément aimée, comme
ayant toujours chéri la liberté.

CUSTINE.

Mais vous aviez , diſoit-on , des intel-
ligences ſecretes avec le ci-devant roi.

LUKNER.

Elles n'étoient donc pas ſecretes, puiſque
vous l'avez ſu.

CUSTINE.

L'on s'attendoit à vous voir plus attaché
à la nation.

LUKNER.

L'avez-vous bien été, vous qui parlez ?
A moi ſemble que nous aurions encore
notre tête à nous bien appartenant , ſi nous
avions ſuivi le courant de la révolution.

CUSTINE.

On a des ennemis, & parce que je voulois remettre la discipline en vigueur, on m'auroit lapidé.

LUKNER.

Mais mon ami, le fusilier ne valoit pas les quatre fers d'un chien : le soldat n'aime pas à être fusilié, sur-tout en France, où les coups de sabre le font trépigner & jurer; & pourquoi ce quittement de l'armée du Rhin, pour passer à celle du Nord ? pourquoi ce dégarnissement de canons dans Strasbourg ? Moi franchement parler.

CUSTINE.

A tous ces reproches j'ai répondu : au reste, je ne me prétends pas innocent; nous avons été l'un & l'autre trop long-tems imprégnés d'aristocratie, & sur-tout vous qui vouliez, dit-on, appeller le Brunswick;

LUKNER.

Mais si j'avois encore mes bras, moi couper le tête aux pougres qui ont dit que je voulois appeller en France le tuc de Prunswick.

CUSTINE.

Quand il y a tant d'armées, tant de généraux, tant de perſonnes qui écrivent, qui rapportent, qui critiquent, il eſt impoſſible..... Mais je me tais ; on a tort de parler, quand on eſt coupable.

LUKNER.

Il y avoit des envieux qui diſoient tou-jours de moi : ce Lukner, il n'a pas de tête, cependant on ne l'a que trop bien trouvée.

Mon neveu, me dit un grand oncle à moi, quand je vins en France, reſte en Allemagne ſi tu veux vivre heureux , & par ma foi, celui-là parloit comme un livre.

CUSTINE.

Quoi qu'il en ſoit , ſi je reparoiſſois ſur la terre, car ce ne ſeroit pas le tems de bouder , je me défierois de moi-même, & je ſuis convaincu que chacun des guillo-tinés en feroit autant : l'un ſe diroit, oh ! je ne parlerai plus ; l'autre , je n'écrirai de ma vie ; celui-ci , je me donnerai bien de garde d'émigrer, celui-là, d'intriguer.

Il n'y a pas de meilleur maitre que la mort pour corriger les hommes ; car en leur ôtant la langue & les mains, ils de-viennent ſages malgré eux , ne pouvant plus ni écrire , ni parler.

Si du moins l'on vivoit deux fois , la feconde vie feroit certainement irréprochable ; mais à peine rendons-nous le dernier foupir, qu'il ne nous refte que des remords ftériles & de vains regrets.

LUKNER.

Ces réflexions me prouveroient ce qu'on dit , que vous Cuftine , étiez mort en capucin.

CUSTINE.

Je fuis mort comme Socrate , en invoquant l'être fuprême , & certainement les capucins ne vivoient pas de fon tems : je fuis mort , en profeffant comme Platon , comme Ciceron , comme Jean-Jacques Rouffeau , l'immortalité de l'âme & l'exiftence d'un Dieu.

LUKNER.

Maintenant je vois bien qu'ils avoient grande raifon, puifque je vis après ma mort, fans avoir foif.

CUSTINE.

Mais voilà mon fils...... Qui t'a conduit ici ?

CUSTINE *le fils.*

Vous, ô mon pere ! en vous contentant

de faluer le républicanifme, au lieu de
l'embraffer en plein, j'ai fait comme vous,
& comme vous malheureufement, je péris
odieux à moi-même & a ma patrie.

LUKNER.

Quoi qu'il en foit, nous fûmes tous les
trois de pauvres fires, fans compter celui
qui nous a tous perdu, & qui nous enjola
par de belles promeffes : fi je le rencontre
ici, je. . . . . Il m'a fait dupe, je lui en
payerois la façon.

VIIe DIALOGUE.

KOLLY & SON EPOUSE.

L'EPOUX.

Où vous êtes-vous donc arrêtée, vous
qui deviez m'accompagner jufqu'ici ?

L'EPOUSE.

Je croyois m'arracher au fupplice qui
m'etoit réfervé, & pour en reculer l'exécu-
tion, je me dis enceinte.

L'Epoux.

Il paroît d'après cela que vous n'étiez pas fort empreſſée de venir me trouver.

L'Epouse.

Quand il n'y a que des ombres dans une union matrimoniale.

L'Epoux.

Hé - bien ?

L'Epouse.

On n'a pas tant d'empreſſement à ſe re-joindre.

L'Epoux.

Que fîtes-vous dans la priſon depuis l'inſtant que vous m'eûtes perdu ?

L'Epouse.

Hélas ! je ne ceſſai de vous pleurer.

L'Epoux.

Dois-je l'en croire ? oui , les morts ne ſentent plus.

L'Epouse.

J'avois de ces morts une telle frayeur, que je m'imaginois toujours voir des ſpectres autour de leurs tombeaux. Il me paroît aujourd'hui que ce ſont les meil-leures gens du monde.

L'Epoux.

Voilà bien les femmes! vous faites leur éloge, & vous ne les avez pas encore pratiqués : ce qu'il y a de sûr, c'est que des ombres ne pouvant mentir ni médire, elles font forcément plus honnêtes qu'on ne l'est communément sur le globe terrestre.

L'Epouse.

Seroit-ce pour cela que vous m'auriez mise dans le cas de le quitter : encore si nous en étions fortis par la belle porte ; mais quelle exécrable mémoire n'y avons-nous pas laissée ? l'on ne s'y souvient de nous que comme des ennemis de la patrie.

L'Epoux.

Il est vrai que j'ai toujours sous les yeux l'effrayante image de l'échafaud, où l'on trancha le fil de nos jours, qu'il me semble entendre à tout inftant les imprécations du peuple qui ne cesse avec raison de nous décrier ; si j'avois pu prévoir...

L'Epouse.

Il ne doit point y avoir de prévoyance en fait de probité, qui toujours la même ne doit ni ne peut être assujettie aux événe-

mens. Il s'agiſſoit tout ſimplement de remplir le devoir d'un franc citoyen , & notre
réputation n'auroit dépendu ni des circonſtances ni des haſards.

L'Epoux.

Je voudrois de toute la plénitude de
mon âme , qu'il n'y eût plus dans l'univers
ni encre. ni papier , qu'on y perdît abſolu-
ment l'uſage de l'imprimerie ; car, hélas !
quel triſte perſonnage ne ferons-nous pas
dans l'hiſtoire ? je m'y vois d'avance comme
ayant trempé dans une conſpiration qui
nous rend odieux pour jamais.

L'Epouse.

Et ce qu'il y a de fâcheux , c'eſt que ces
regrets , quoique maintenant inutiles, re-
naiſſent ſans ceſſe pour nous déchirer , &
que le ſupplice que nous avons ſubi, n'étoit
que le prélude des chagrins cuiſans qui nous
tourmenteront à jamais.

Il faut qu'il y ait un énorme cahos entre
ce lieu & les champs-élyſées , & que la diſ-
tance en ſoit infinie. J'ai beau évoquer les
ombres qui s'y trouvent, nulle réponſe. Encore
core ſi l'on n'étoit condamné qu'à ne plus
manger & à ne plus parler.

L'Époux.

Y pensez-vous ? une femme sans parler !
un financier sans manger, rendons-nous
justice : il n'y a pas de plus grand malheur.
Combien de fois ne vous est-il pas arrivé
de chercher votre langue pour la mettre
en jeu, & d'avoir gémi de ne pas la
trouver ?

L'Épouse.

Tandis qu'on nous abomine en France,
les émigrés. . . .

L'Époux.

Je vous entends ; mais ils apprendront
un jour que d'allumer des guerres contre
sa propre nation, c'est un crime qui ne se
pardonne ni dans le monde d'où nous sortons , ni dans celui-ci.

L'Épouse.

Convenez qu'un maltotier n'étoit
point un être fait pour vivre dans une république, où l'on ne veut qu'égalité, fraternité, simplicité, frugalité: il vous falloit
des airs d'opulence, de grandeur & même
un ton d'insolence & d'orgueil ; il falloit
pour vous plaire que je fisse la dame de
qualité, que j'eusse une élégante pour mar-

chande de modes, un muscadin pour
coëfeur, & que des billets de tous les spec-
tacles tombassent chez moi chaque matin ;
il falloit que j'oubliasse le nom de *mari*
pour vous donner celui de *Monsieur*, que
j'eusse appartement d'hiver, appartement
d'été ; que toute personne fût élégament habillée pour oser m'aborder ; il me falloit
enfin dire, *Qu'est ça*, lorsque j'entre-
voyois quelqu'un sans richesse & sans
nom.

L'Epoux.

Mais c'étoit le ton ; je devois à mes col-
légues le soin de le prendre sans y manquer.

L'Epouse.

Où sont maintenant ces tons, ces airs ?
tous les gestes, tous les coups-d'œil qui
m'étoient si précieusement recommandés,
& dont la coqueterie savoit si bien user ?

L'Epoux.

Pouvoit-on deviner ?

L'Epouse.

Comme si l'on n'étoit pas toujours obligé d'être honnête, & d'avoir pour ses semblables le ton de l'aménité. Oh ! s'il étoit
possible qu'un mort quittât ce lieu, & se

rendît fenfible fur la terre, de maniére à pouvoir guider la jeuneffe, quel excellent Mentor ! il n'y auroit pas à craindre qu'une jeune citoyenne formée à une telle école, devînt fantasque & orgueilleufe ; qu'un homme tel qu'il fût, prît les mœurs & le génie d'un contre-révolutionnaire. Ses leçons fe burineroient dans le cœur des éleves, & il n'y auroit plus ni de Briffot, ni de Philippe Egalité, ni d'émigrés.

L'Epoux.

Je crois bien que ce qui fe paffe fur la terre eft un bon avis pour ceux qui viendront par la fuite, & qu'une révolution dont on a tâté corrigeroit ceux qui voudroient être des contre-révolutionnaires.

L'Epouse.

Et, maintenant au lieu d'appeller nos gens, nous n'appellerons, hélas ! que des remords & des regrets. Quelle deftinée !

VIII.ᵉ DIALOGUE.

BARNAVE, SILLERY.

BARNAVE.

Vous appelle-t-on ici, marquis, car nouvellement arrivé dans ce lieu, j'en ignore les ufages.

SILLERY.

Je n'ai que trop porté ce vain titre pour mon malheur ; & quand la France l'a fupprimé, elle a fait un acte d'équité : d'ailleurs ce monde où nous venons de paffer vous & moi, ne connoit d'autre qualité que celle d'immortel.

BARNAVE.

Par ma foi, c'eft bien la plus noble & la meilleure : mais il falloit mourir tout-à-fait, oui tout-à-fait, pour vous le perfuader.

La mort, difoit le centenaire Fontenelle, tourne & retourne un riche, de maniere à lui enlever tout le vernis & toutes les dorures qui cachoient sa nudité : mais l'orgueil s'accroche à tout, à la naissance, à la figure, à la richesse, au rang, au crédit, à la vanité d'avoir de l'esprit; hélas ! ce fut la mienne. Rempli de moi-même, je me pavanois avec délices, lorsqu'à l'assemblée constituante, les tribunes frappoient des mains pour m'applaudir, car la gloire est une tablette, où chacun veut mettre son nom.

C'est alors que m'élançant au-dessus des autres par un vol hardi, je me fis un système de parler souvent, & de heurter les opinions qui n'étoient pas de mon avis.

SILLERY.

Ce ne fut moins votre esprit qui vous perdit, que votre retour de Varennes avec la reine; les regards d'une majesté eurent le pouvoir de vous séduire; vous fûtes attendri, & l'orgueil, peut-être un peu de ce besoin d'amour, vous attacherent malgré vous à la ci-devant reine.

On vous vit depuis cette époque, presque courtisan, caresser, quoique d'une maniere utile, l'aristocratie. Les rois savoient si bien influencer le monde qui les approchoit, qu'on croyoit être patriote, quand on étoit déja leur esclave. En peu de tems

vous ne fûtes plus que le diminutif de ce
Barnave, qu'on avoit vu si ardent pour
la liberté.

BARNAVE.

Je le sais. Notre fermeté tient à si peu de
chose : un geste, un regard, un soupir,
un moment d'orgueil, & voilà l'homme le
plus severe dans ses principes, qui tout-
à-coup hésite, fléchit, & devient le jouet
de son propre cœur.

SILLERY.

Les suites en font d'autant plus funestes,
que trop souvent elles conduisent aux plus
grands malheurs. Le commerce des grands
énerva mon âme, je devins insensiblement
le thermometre de l'ambition, jusqu'à me
montrer pusillanime au moment de la mort.
Et moi qui l'avois mille fois bravée, soit
à la guerre, soit en duel, je pâlis,
je l'avoue, à l'approche de l'échafaud.

BARNAVE.

Pour moi qui dès le premier usage de la
raison, me fis un systême de prendre avec
le même flegme le bien & le mal, je ne
fus effrayé ni de ma captivité, ni de ma
condamnation, ni de ma mort. L'amour
propre qui m'étoit naturel, prit le caractere

de la fierté ; mais j'avoue avoir regretté la
vie par le seul chagrin de ne pouvoir ré-
cueillir les fruits d'une révolution dont j'a-
vois été un des premiers moteurs. Cependant je me confolai, en penfant que tous
les hommes n'étant qu'un, ce que nous ne
connoiſſons pas, nos neveux le verroient in-
faillibiement.

SILLERY.

Jamais je ne connus mieux les dangers de
la volupté, qu'au moment de ma déten-
tion. Elle avoit fouillé ma vie, elle en
ternit la fin. Une âme continuellement ouverte aux plaifirs, me rendit ennemi d'une
révolution qui doit amener le regne de la
juſtice & de la ſageſſe.

BARNAVE.

La raifon fans doute devroit avoir plus
d'empire fur l'homme raifonnable, que la
volupté ; mais la plus faine morale n'agit
que foiblement fur fon cœur, & je me vis
infenfiblement la dupe d'une dangereufe
illufion. Comme un des premiers repréfen-
tans du peuple, par la maniere dont j'avois
brillé au milieu de l'affemblée nationale,
je crus pouvoir élever une contre-baterie qui
vint à bout de renverfer les projets de la
convention,

Je me crus affez fort pour être un des architectes de ce monftrueux édifice, pour agir en fens contraire de ceux qui travailloient au bien de la nation.

Et ce fut la fuite des documens que je pris à la cour dans des conventicules fecrets, où j'avois l'adreffe de me rendre clandeftinement. Louis Capet m'en favoit gré, & la foibleffe que j'eus de croire aux revenans, me tourna l'efprit ; mais quand une nation eft affemblée, il y a trop d'yeux ouverts, pour qu'on puiffe échapper aux regards, fans compter qu'on fe trahit fouvent foi-même, ne fut-ce que par un gefte, ou par un feul mot.

SILLERY.

Ainfi l'intrigue vous perdit, & la molleffe me fit embraffer des partis nuifibles au bien général. Le ci-devant duc d'Orléans ! ma femme elle-même ! quel horrible fouvenir ! lorfque je me les repréfente avec leurs alentours ! fans leur malheureufe fociété, il y avoit en moi, je puis m'en vanter, de quoi faire un bon citoyen.

BARNAVE.

Stériles remords, regrets fuperflus ; nous

n'y reviendrons plus fur cette ...
avons fi défaftreufement fini.

SILLERY.

Et l'hiftoire ? comment y ferai-je ? en
lâche qui craignit de mourir.

Encore fi les amis que j'ai laiffé, pouvoient fe garantir du malheur qui nous eft
commun.

BARNAVE.

Des amis ! y en eut-il jamais pour les
hommes de plaifir ? adieu l'amitié dès qu'il
n'y a plus ni jeux, ni intérêts, ni orgies ;
toute ma peine fut d'avoir été nommé trop
jeune membre de l'affemblée conftituante.
A quarante ans, l'âge auquel le préfident
de Harlay fixoit la voix délibérative, je
n'aurois pas donné dans des écarts.

SILLERY.

Dites plutôt que le regne de Louis Capet
fut la premiere caufe de nos malheurs, ce
regne que Marie de Médicis, femme d'Henri
quatre, vit dans un optique preparé par un
nécromancien, fous la forme d'une multitude de fouris & de rats, véritable em-
blême des calamités dont le monarque &

les ministres comme autant de rongeurs, ont été le principe. Spectacle effrayant qui fit tomber Marie de Médicis en syncope, & qui ne s'offrit à ses yeux qu'après le regne éblouissant de Louis XIV !

BARNAVE.

Ce trait m'étoit connu, & il sert à prouver qu'il y a des prédictions comme des pressentimens dont on ne peut rendre raison, & que l'événement justifie ; mais l'homme naturellement orgueilleux, aime mieux prendre le parti de tout nier, que de s'avouer ignorant.

SILLERY.

Les empires ressemblent à ceux qui les gouvernent, & dont l'existence est limitée. Une monarchie qui datoit depuis quatorze siécles, étoit dans sa décrépitude, de même qu'un monarque est excessivement vieux lorsqu'il passe quatre-vingts ans, mais je n'aurois jamais imaginé que je serois témoin d'un pareil événement, & encore moins que sa chute entraineroit la nôtre.

BARNAVE.

Un colosse de cette nature ne pouvoit tomber sans écraser bien des sujets. C'est le chêne qui frappé de la foudre, ébranle la terre, le renverse, déracine en se précipitant, les arbres qui l'entourent, & qu'on renouvelle par des plantations plus utiles, mais dont on ne peut recueillir les fruits que lorsqu'elles font en état de produire.

SILLERY.

C'est la réflexion de Cicéron qui dit que les hommes plantent des arbres pour la génération qui doit leur succéder. *Serunt arbores quæ alteri fæculo profunt.*

IX.ᵉ DIALOGUE.

BRISSOT, MANUEL.

MANUEL.

Vous me paroissez bien défœuvré. Un factieux n'a ni mouvement ni vie, quand il ne peut plus exciter de séditions.

BRISSOT.

Et c'est Manuel qui toujours audacieux éleve ainsi la voix. La mort ne l'a donc pas corrigé ?

MANUEL.

Ne voudriez-vous pas que je priſſe le ton doucereux envers le chef des conſpirateurs, moi qui, quoique coupable.....

BRISSOT.

Vous n'oseriez achever. Il ſemble que ce n'eſt pas la juſtice qui vous a jugé ; cependant, ſoyons de bonne foi, l'hiſtoire ne nous épargnera pas : la vôtre court déjà les rues.

MANUEL.

L'amour de l'argent donne toute l'énergie poſſible à la malignité, & l'on voit presqu'autant de calomniateurs que d'écrivains.

BRISSOT.

Si vous n'aviez pas pris vous-même le ſtyle de la ſatyre, on applaudiroit à cette réflexion. Il n'y a pas juſqu'à ceux qui vous ont nourri, hébergé, que ſans reconnoiſſance comme ſans pudeur, vous avez affreuſement dénigré. *Ah ! monsieur*, diſoit la Torreliere, fameux comédien, à un aſſaſſin expirant ſur la roue, qui l'accabloit d'injures, parce qu'en paſſant près l'échafaud, il l'avoit heurté, *il eſt permis d'être roué, mais il n'eſt jamais permis d'être malhonnête.*

MANUEL.

Eh ! depuis quand Briſſot eſt-il ſi délicat ſur le ſentiment ?

BRISSOT.

Si l'honneur comme la vérité ne dépendoit que de ceux qui écrivent, il y a long-tems qu'il n'y en auroit plus ; ce qui m'étonne, c'eſt qu'ayant montré la plus audacieuſe énergie contre les monarques, vous ayez fait au moment de la mort le perſonnage d'un poltron.

MANUEL.

On ne voit pas deux fois le rivage des morts ; j'avois fait preuve à Montargis du plus grand courage, lorſqu'on me mit à deux doigts du trépas ; d'ailleurs j'avois lu dans Paſcal qu'il faut être imbécille ou fou pour ne pas redouter la mort.

BRISSOT.

Il feroit aſſez plaiſant qu'un Manuel eût pris pour lui ce que Paſcal dit du chrétien.

MANUEL.

Je fourrageai chez tous les auteurs tant pieux qu'impies, retenant ou copiant ce qui

qui pourroit m'être utile, à-peu-près comme Brissot, lorsqu'il permettoit de fouiller dans les poches d'autrui.

BRISSOT.

Il y a tant de mensonges écrits, que de tout ce qui s'est débité, on n'en doit croire que la moitié.

MANUEL.

En ce cas vous ne seriez qu'un demi-voleur.

BRISSOT.

Qu'on m'accuse ou qu'on me justifie, voici ma profession de probité ; je crus que l'auteur de la nature s'étoit réservé le ciel, et qu'il avoit abandonné la terre aux hommes, pour s'en arranger à leur gré.

MANUEL.

C'est-à-dire, qu'il en seroit de la terre comme d'une table couverte de mets, où les plus avides prendroient les meilleurs morceaux, système extrêmement commode pour celui qui n'a rien, & sans doute vous le mîtes en œuvre, puisque *brissoter* est le synonyme de voler.

BRISSOT.

Si vous n'aviez pas vous-même usé de

I

cette recette , comment vous feriez-vous enrichi ? mais en outrageant publiquement les rois , de concert avec Louis Capet , pour le mieux fervir , il vous a fecretement ré-compenfé ; car enfin de rien, on ne fait rien, & fans quelque reffource , auriez-vous pu vous foutenir ?

MANUEL.

On peut juger de ma fortune par ma fuc-ceffion ; je pouvois dire au ci-devant roi ce qu'un prédicateur célebre dit à Louis XIV , quand il lui laiffa l'option d'un évêché fur trois qui vaquoient alors : *je suis né gueux , j'ai vécu gueux , & je sou-haite périgueux ;* & en effet, n'ayant jamais défiré de m'enrichir, témoignage que me rendront tous ceux qui m'ont connu.

BRISSOT.

C'eft une efpece de fortune de pouvoir s'en vanter ; car l'homme n'eft jamais dupe ; il fe paie en orgueil , quand il a l'air de méprifer l'or.

MANUEL.

Je le veux : mais fi je ne m'étois vanté , qui diable m'auroit loué, fur-tout après avoir frondé le culte qu'on rend à la divinité ?

BRISSOT.

Pourriez-vous dire à quelle intention, d'autant plus que tous les cultes étoient décrétés ?

MANUEL.

De me donner un vernis philofophique dont j'avois befoin pour hauffer ma réputation.

Quant à vous, *ex-citoyen*, vos prétentions alloient bien plus loin ; car rien n'eft comparable à la vanité d'un chef de parti ; vous fûtes jaloux d'avoir des fectateurs , au rifque d'y périr.

BRISSOT.

Vous en avois-je fait la confidence ?

MANUEL.

Vous étiez trop fin pour m'en faire part , d'autant mieux que perfonne ne fingea mieux que vous l'avocat patelin , une mine hypocrite , des yeux en deffous , des paroles emmiellées , telle fut la monnoie avec laquelle vous embauchiez pour le fédéralifme une multitude de conjurés ; déja vous vous promettiez de recueillir les honneurs du triomphe , & l'on étoit prêt à vous écrire *au grand fédéralifeur de la république française*, de même qu'on mettoit *au directeur*

général du tonnerre ſur toutes les lettres
adreſſées à celui qui périt à Pétersbourg,
victime de l'électricité, en voulant diriger la
foudre.

BRISSOT.

Il faut diablement aimer la raillerie pour
avoir conſervé le ton perſifleur, après tant
d'épreuves.

MANUEL.

Il ſeroit ſans doute ſingulier que vous
Briſſot, qui étiez au moment d'exciter
une guerre civile, & de déchirer la patrie,
de maniere à la couvrir de ſang & de
cendres, vous euſſiez encore le petit mot
pour rire.

BRISSOT.

Et vos correſpondances avec Louis Capet,
pouvoient-elles paſſer pour des fautes
légeres ?

MANUEL.

Non ſans doute. Mais la différence qui
ſe trouve entre nous deux, c'eſt que je
méritai la guillotine, & vous d'être écar-
telé.

Xᵉ DIALOGUE.

MIACZINSKI, OLIMPE GOUGES.

MIACZINSKI.

Je vous reconnois pour avoir été une femme jalouse d'acquérir de la célébrité, qui sans savoir écrire faisoit chaque mois des écrits, qui aussi maligne que belle, excitoit tout-à-la-fois la haine & l'amour, qui tantôt républicaine & tantôt royaliste, avoit ses phases comme la lune ; mais dites-moi, que fait-on à Paris ?

OLYMPE.

Un joli début pour obtenir une réponse ! au reste, ce n'est pas la premiere fois qu'on a gagné mon cœur, en me disant des injures, je les aimai mieux que les fadeurs, car il n'y a pas de magasin plus bisarrement assorti que la tête d'une femme, de fournaise où il y ait plus d'étincelles que dans son cœur, & ce qui paroît singulier, souvent avec un très-petit feu.

Vous me demandez donc ce qu'on fait à Paris? on s'y défait relativement aux modes; ce n'est plus cette ridicule affèterie qu'on appercevoit jusques dans le langage, les gestes & la démarche, ce tourbillon de *muscadins* qui folâtroient au sein des plaisirs, cette molesse qui dénaturoit les français : on diroit que les fiers gaulois reparoissent sur la scene.

MIACZINSKI.

C'est l'effet d'un gouvernement républicain, que j'aurois embrassé de toute mon âme, si l'on n'avoit pas aveuglé mon esprit; mais ce malheureux Dumourier!

OLYMPE.

C'est précisément mon histoire. On me ravit ma maniere de penser, en venant à bout de me séduire, & ce furent des aristocrates qui prirent la route de la guillotine, ainsi que moi.

MIACZINSKI.

Je reviens à Paris. Comment étoit-il quand vous l'avez quitté?

OLYMPE.

Un pays où la barbe croissoit avec l'énergie, où des bonnets de poil avoient

remplacé les chapeaux à plumes, où les
pantalons tenoient lieu de ces jolies cu-
lottes qu'on ne pouvoit ni mettre, ni ôter
sans se déchirer la peau, où les piques
avoient fait disparoître les badines, où la
jeunesse absolument étrangere à tout ce
qui s'appelle galanterie, ne parloit plus
que de civisme & de combats, où le
sexe arboroit la cocarde, où il falloit enfin être franc & loyal républicain, si l'on
vouloit esquiver la mort, & ne pas se
déshonorer.

MIACZINSKI.

Ce tableau fait honneur à la nation. Il
y a long-tems qu'elle eût été ce qu'elle
est actuellement, si la maniere de la gouverner, ne l'avoit pas énervée; elle a tant
de ressources en elle-même, qu'il n'y a
qu'à vouloir pour trouver dans son sein
les législateurs, des hommes de génie,
les héros.

OLYMPE.

Je vous avoue que moi qui n'admirois
que moi-même, je fus souvent stupéfaite
d'entendre aux sections des artisans qui,
quoique sans avoir étudié, parloient avec
autant d'énergie que de facilité.

MIACZINSKI.

L'esprit ayant infiniment plus d'essor dans les républiques, que dans les monarchies, c'en est une suite nécessaire, je le sais mieux que personne, étant né républicain. La Pologne m'avoit appris à bégayer le nom de liberté dès le berceau, & à la chérir plus que ma vie.

OLYMPE.

Mais cela ne suffisoit pas, il falloit en soutenir les droits quand vous fûtes général, car ce ne fut pas l'ignorance qui vous rendit coupable. Il pourroit cependant arriver qu'on prendroit pour traître un général qui ne seroit qu'ignorant.

MIACZINSKI.

L'ignorance n'a rien de commun avec la trahison, quoiqu'on se rendroit coupable en se chargeant d'une tache qu'on ne pourroit remplir.

OLYMPE.

La présomption !

MIACZINSKI.

Rien n'est plus commun dans le commerce de la vie ; jusques dans la galanterie même, on s'en apperçoit, & je n'au-

rois point été surpris que des femmes
sans taille & sans figure, vous eussent
autrefois disputé la prestance & la beauté.

OLYMPE.

Ma foi vous avez le talent de deviner.
Mais je les déconcertois par un sourire
malin, ou par un air de fierté.

Autant de frivolités dont il n'est plus
permis de se souvenir. En entrant au milieu de ces ombres dont je fais maintenant partie, je fus long-tems à chercher
ma figure. L'habitude d'avoir un corps
dont la prestance me faisoit remarquer,
me l'avoit rendu infiniment cher, d'autant
plus qu'à l'exemple de presque toutes les
jolies femmes, j'avois passé ma vie à
le soigner & le parfumer; mais bientôt
je m'apperçus que tout étant intellectuel
dans ce monde aérien, tout ce qui pouvoit affecter les sens y devenoit absolument inutile.

MIACZINSKY.

Par ma foi l'on ne perd pas au change;
rien de plus agréable de n'avoir plus à se
lever, à s'habiller; mais j'ignorois qu'on
avoit cet avantage après la mort, &
voilà pourquoi, je l'avoue, je ne la vis
qu'avec répugnance.

Olympe.

Croiriez-vous que je cherchai mon lit lorsque je vins ici ?

Miaczinski.

C'eſt aſſez l'uſage du ſexe, comme celui d'un friand de chercher une bonne table ; avouez néanmoins que votre plus grande privation aura été de ne plus trouver de piliers où pouvoir vous faire afficher, car ce fut votre manie ; il n'y avoit pas une muraille, une borne dans Paris, où l'on ne vit en gros caracteres, *tantôt Olympe Gouges*, *tantôt la citoyenne Gouges*, & juſqu'aux théâtres même, il fallut pour entretenir votre chatouilleuſe vanité, une comédie ſous votre nom, & vous y preniez un auſſi vif intérêt que ſi elle eût été de votre cru.

Olympe.

A quelque prix que ce ſoit, il faut que la femme intrigue, ſi ce n'eſt en amour, c'eſt en littérature, ou en politique, voulant être au moins d'un tiers dans tout ce qui s'opere.

Miaczinski.

La révolution vous avoir ſi bien multipliée, qu'on vous trouvoit par-tout ; vous montiez les échelles du patriotifme, comme vous les defcendiez, & par malheur, ainfi qu'on me l'a rapporté, l'on vous furprit au moment où tournant le dos à la montagne, vous courriez dans la plaine. Vous en fouvient-il ?

OLYMPE.

Oui fans doute : vous devez éprouver qu'en perdant la vie temporelle, l'on ne perd pas la mémoire. Je me rappelle très-bien que j'eus tout le défir poffible de fervir de modéle à l'artifte qui fculpta la liberté.

MIACZINSKI.

Par la raifon que cela dureroit plus que vos ouvrages.

OLYMPE.

Laiffez les babillards s'exercer fur la terre à mes dépens, quoique les morts fe fuccédent aujourd'hui de fi près que l'un fait oublier l'autre.

Il y a pourtant une morte dont on fe fouviendra long-tems, cette précieufe ridicule, qui ne rencontrant plus que des jeunes gens barbus, fe jetta dans la Seine, effrayée de leur coftume.

MIACZINSKI.

Elle ne reffembloit pas à la fameufe maréchale de la Ferté, qui fit fon amant d'un capucin, aux conditions qu'il garderoit sa barbe. Le héros Bayard l'appelloit le fard de l'homme, & il faut avouer qu'on paroit efféminé, depuis qu'on fe fait rafer & poudrer, fur-tout un guerrier qui, felon le chevalier Foliard, ne doit connoître que la poudre à canon.

OLYMPE.

La réflexion eft excellente, & fur-tout dans ce tems-ci, où les cheveux n'ont plus de mérite, qu'autant qu'ils gardent leur couleur naturelle.

MIACZINSKI.

Que fera le mufcadin ?

OLYMPE.

Eh bien ! il fera comme le paon, qui fe tient caché, lorfqu'il a perdu fa queue.

XIᵉ DIALOGUE.

RABAUD DE S. ETIENNE; KERSAINT, LASOURCE.

KERSAINT.

Étoit ce donc la peine de nous donner tant de mouvemens, pour arriver si vite dans l'empire des morts? peut-être avez-vous vécu, sans avoir joui, parce que vous étiez ambitieux.

RABAUD.

L'ambition étant la passion la plus variée quant à son objet, il y a des hommes qui sont ambitieux, en ne désirant rien, pourvu que le public en soit instruit; & ce fut ma manière de jouir : je souhaitois qu'on prônât mon désintéressement, & qu'on me connût pour l'être le plus insouciant sur la fortune & sur les grandeurs.

KERSAINT.

Et ces beaux sentimens qui devoient vous

K

mettre à l'abri des dangers, vous ont néanmoins plongé dans l'abîme.

RABAUD.

Qu'appellez-vous un abîme? on n'est jamais submergé, quand on s'élève audessus des flots.

KERSAINT.

Vous fîtes cependant le plongeon, prenant le plus grand soin de bien vous cacher.

RABAUD.

L'insecte même en fuyant la mort, apprend à l'homme à l'éviter : si elle eût pu être utile à ma patrie, il n'y a pas de doute que je ne me fusse montré.

LACOURCE.

Le croira qui voudra : il n'y a pas de patriote qui ne vous accuse d'avoir voulu nous remettre sous la tyrannie, en travaillant à établir une république fédérative, où il y auroit autant de petits tyrans que d'individus.

RABAUD.

Je me suis trompé ; mais je n'avois que de pures intentions. Il n'est point étonnant que la vue se trouble, au moment d'un orage.

KERSAINT.

On dira que vous étiez plus obligé qu'un

autre à voir clair, vous chez qui le bon sens paroissoit aller de pair avec le génie.

RABAUD.

Au reste le pas est fait... J'étois fort jeune, lorsque les siècles semblèrent se dérouler à mes yeux, & qu'à travers une confusion de vices & d'erreurs, je n'apperçus que quelques vérités & quelques vertus, quelques jours sereins, au milieu des nuages les plus épais, ce qui annonçoit des orages. Ils ont éclaté, le tonnerre s'est fait entendre : je me dis alors, ou tu éviteras la foudre, ou elle t'écrasera. Le coup est parti, elle est tombée, elle m'a réduit en poudre, mon âme impérissable est la seule chose qui me reste ; pour avoir voulu trop bien faire, j'ai mal fait.

Me plaindrai-je de moi-même ? il n'est plus tems : de la convention ? elle a prononcé d'après la loi : de la refonte ? elle n'est pas mon ouvrage, & c'est une force irrésistible.

Combien de personnes qui me blâment maintenant, & qui sont peut-être aussi coupables !

KERSAINT.

Je le fais, & ce qui m'étonne… mais je me tais.

RABAUD.

Qui dit révolution, dit un nouvel ordre de choses, l'abolition des anciens usages, le désir d'arriver au mieux. Les uns le voient dans une refonte générale, les autres dans une simple réforme ; mais le mal n'étant que trop souvent à côté du mieux, il falloit faire comme les molinistes qui disoient à leurs adversaires de s'attacher au gros de l'arbre.

KERSAINT.

Et nous ne nous sommes malheureusement appuyés que sur des branches qui n'ont pu nous soutenir.

Mais nouvellement arrivés dans ce lieu, nous ne savons point encore quelle est la forme du gouvernement, & néanmoins il importe de le connoître.

LASOURCE.

J'en suis déjà pleinement instruit.

C'st une parfaite égalité : ici ni rois, ni sujets. Il y auroit indubitablement une commotion parmi les ombres, si quelque mal-appris s'avisoit d'adresser à quelqu'un le mot de *sire* ou de *majesté*.

C'est une tendre fraternité : point de haine, point de colere, point d'envie ; un amour égal forme le doux lien de cette immense sociétémais ; ne vous y trompez pas, on ne goûte ces douceurs, que lorsqu'on a vécu en bon patriote & en homme vertueux : cependant, à raison de l'agilité des esprits, on peut, quoiqu'accablé de remords, aller d'un pôle à l'autre, parcourir les sphéres, enfin l'univers, dans un éclat aussi prompt que la volonté.

RABAUD.

Il me prit fantaisie de me rendre à Petersbourg, & j'y fus dans un clin d'œil, assistant, sans être vu, aux dépêches de Catherine qui, pour engager les puissances coalisées à tenir encore quelque tems, ne leur donnoit d'autre espoir, que celui du vent qui pourroit changer. Je me vis en Pologne, où je trouvai le roi le meilleur vent, en Suede & en Dannemarck, où l'on se félicitoit de n'avoir pris aucune part à la guerre présente. Je passai en Angleterre, où l'on disoit : il n'est plus tems de nous croire rivaux des français : ils ont tellement abattu nos forces, notre courage notre orgueil, que nous n'osons plus nous mesurer. Delà, je me rendis à Naples, où le monarque s'amusoit avec des papillons. Je me trouvai tout-à-coup au milieu de la petite république de S. Marin qui se regardoit, toute petite qu'elle est, comme plus grande & plus puissante que les plus superbes monarchies, parce que, disoit-elle, je les vois sur leur déclin, & je suis certaine de me soutenir, la tyrannie comme la servitude, étant absolument inconnues dans ce petit coin de terre, où l'on n'éprouve que les douceurs de la paix & de l'amitié : je dis en moi-même, c'est ici l'échantillon d'une étoffe dont toutes les nations doivent s'habiller, si elles sont jalouses du vrai bonheur. Je rôdai autour des émigrés ; ce n'étoient que misères & regrets.

K E R S A I N T.

Et combien avez-vous été de tems à parcourir ces régions ?

L A S O U R C E.

De tems ? il n'y a d'autre horloge que l'éternité qui, toujours au même point, ne recule ni n'avance.

RABAUD.

N'apprîtes-vous rien du scélérat Dumourier ?

LASOURCE.

Qu'il mouroit de rage & de frayeur,
n'osant coucher deux fois de suite dans le
même lieu, maudissant l'univers, se maudissant lui même au milieu de ses trésors
& de ses forfaits.

XIIᵉ DIALOGUE.

VERGNIAUX, LAMOURETTE.

LAMOURETTE.

M'y voilà donc aussi bien que d'autres
dans ce séjour que le matérialiste croit une
chimere, que le spiritualiste envisage
comme un objet redoutable ou consolant,
selon qu'il a vecu, ou qu'il est affecté ; &
c'est trop de confiance en moi-même,
sur-tout depuis ma dignité d'évêque, qui
m'y a conduit.

VERGNIAUX.

Vous y feriez toujours venu, & au bout
du compte, le passé n'étant point à nous,
l'avenir n'y étant point encore, on ne
perd qu'une seconde, lorsqu'on meurt,
comme l'observe judicieusement Marc-An-
tonin.

LAMOURETTE.

Oui sans doute, j'y serois toujours
venu; mais il y a la maniere d'y venir, &
vous conviendrez que la vôtre fut si vio-
ente, qu'on ne se la rappelle qu'en fré-
missant.

VERGNIAUX.

J'avoue qu'un évêque mourant sur un
échafaud, n'est pas une chose ordinaire;
mais depuis que tout le monde se trouve
légalement soumis à la loi, le prélat
n'en est pas plus exempt qu'un autre.

D'ailleurs le tems d'une révolution, devient celui des métamorphoses : tout y
prend une nouvelle forme; ce qui passoit
pour un phénomene, devient une chose
ordinaire; ce qu'on croyoit impraticable,
se réalise; n'y eut-il que le dépouillement
des riches & des grands , événement dont
le petit pere André , si connu par ses bons

mot, fit un tableau burlesque, à l'ouver-
ture des états-généraux qui se tinrent en
1614, & qui lui donnerent occasion de
s'écrier : *Nouvelle terre, nouveaux cieux,
tems mémorable, tems où les pages de-
viennent des papillons, les rois des
roitelets, les moines des moineaux.*
Il ne se trompoit pas.

LAMOURETTE.

Mais ce qui me surprend encore plus,
c'est la renaissance d'un peuple que l'orgueil des grands soupçonnoit sans esprit,
comme sans énergie, & qui se reproduit
avec un courage & des talens dont on n'a-
voit nulle idée ; tant il est vrai qu'il n'y a
souvent que les occasions qui manquent à
des hommes ensevelis dans l'oubli.

VERGNIAUX.

Injustice d'autant plus criante, que le
peuple fait tout chez les souverains même,
par la maniere dont il les loge, dont il les
habille, dont il les nourrit & dont il les
sert.

LAMOURETTE.

Cela me rappelle qu'il y avoit un roi
qui n'estimoit que la noblesse, qui du haut
de son trône, regardoit le tiers-état comme

un hors-d'œuvre à fa cour, & qu'un valet de chambre eut le courage de détromper d'une maniere frappante.

Prenez la journée de demain, lui dit-il, & vous verrez, dès l'aube du jour jufqu'à l'heure du fommeil, ce que fait ce peuple pour qui vous n'avez que des dédains.

Le monarque y fit attention, & il obferva que dès le matin, le peuple vint ouvrir fes rideaux, l'aider à s'habiller, lui apporter fon déjûner, lui amener fes équipages de chaffe, préparer enfuite fon diner, & finir la journée par lui procurer tantôt un fpectacle, tantôt un concert: enfin par le coucher, & par le garder la nuit comme le jour ; tandis que fes gentilshommes, fans pieds, fans mains, immobiles comme des ftatues, n'ayant que des yeux pour voir, ne lui étoient d'aucune utilité, & ne demeuroient autour de lui, que pour obtenir quelque grâce.

Il lui arriva dans cette même journée de tomber dans un canal, lorfqu'il parcouroit fes jardins, & il n'y eût que le peuple qui lui fauva la vie. Appellant alors un des courtifans, il lui dit : Comme vous ne m'êtes pas plus néceffaire que les perfonnages de tapisserie qui ornent mon falon, je donne aux gens du peuple les places, qui vous attachoient à mon service. Je vois que sans lui, je serois le plus foible & le moins puissant du royaume, d'autant mieux que c'est lui qui me fournit des soldats, des secrétaires, des piqueurs, des chefs de cuisine, des jardiniers, des valets.

VERGNIAUX.

Sans doute la noblesse se tut, & elle n'avoit rien à répondre. Le plus puissant roi seroit effectivement un pauvre sire, s'il n'avoit le peuple pour soutien de sa gloire & de sa grandeur. Ce n'est pas le gentilhomme qui bâtit, qui répare les palais, qui cultive les légumes & les fruits, qui fait des souliers, des habits, & que les sciences comme les arts ont pour disciple ; les plus grands ne vivent entourés que des ouvrages sortis des mains du tiers-état ; d'où il faut conclure que les rois étoient aussi ingrats qu'injustes, lorsqu'ils n'avoient aucuns égards pour lui.

LAMOURETTE.

Il s'ensuit que la révolution qui rend au peuple la justice qui lui est dûe, est une heureuse révolution, & que nous avons eu tort vous & moi de ne pas l'envisager sous ce point de vue.

VERGNIAUX.

J'en conviens avec vous, & j'en veux à mon efprit, qui en me donnant la faculté d'écrire & de parler, me perdit. C'eft un dangereux préfent pour la plupart de ceux qui en font gratifiés.

LAMOURETTE.

Ainfi la médiocrité pour les facultés intellectuelles, comme pour les biens temporels, eft la meilleure chofe à défirer. Ce qu'il y a de fûr, c'eft que l'homme de génie ne trouve qu'un quart de plaifir foit dans les lectures qu'il fait, foit dans les fociétés qu'il frequente, foit dans les beautés qu'il obferve, par la raifon que tout ce qu'il lit, tout ce qu'il voit, eft beaucoup au deffous de lui même, tandis que l'homme borné eft pleinement fatisfait.

VERGNIAUX.

Mais combien ces jouiffances ne font-elles pas délicieufes, lorfqu'enfin il rencontre des chofes analogues à fa maniere de voir & de fentir !

LAMOURETTE.

Oui fans doute ; mais ce font des occafions fi rares, que dans l'efpace d'un mois

&

& peut-être d'une année, il ne rencon-
trera pas ce qui feroit capable de le flatter.

VERGNIAUX.

Tant pis pour lui. Je crois que s'il
étoit possible que l'homme se créât lui-
même, & qu'il fût maitre de se former à
son gré, il trouveroit encore dans son esprit comme dans son cœur un vuide qu'il
ne pourroit remplir, enfin des pensées qui
ne seroient pas d'accord avec ses sentimens, & cela vient de ce que nous sommes
bornés.

LAMOURETTE.

Ou plutôt, comme dit judicieusement
Boileau, de ce que les hommes sont foux,
ne différant entr'eux que du plus ou du
moins. C'est la folie qui rendit Alexandre
le fléau de l'univers, Coriolan l'ennemi de
sa patrie.

VERGNIAUX.

Et sans aller si loin, qui rendit Ver-
gniaux lui-même le partisan d'un fédéra-
lisme qui mettoit toute la France en combustion, armant citoyens contre citoyens.
Chaque village auroit eu les prétentions
d'une ville, chaque ville celles de la métropole, & tout le monde se seroit inter-

L

gé, personne n'eût obéi. L'on va souvent
au plus mal, en croyant aller au mieux;
quand je pense qu'il ne faut qu'une belle
phrase pour éblouir un homme & pour le
séduire, je plains la pauvre humanité.

LAMOURETTE.

Ce ne fut point l'éloquence qui me fit
illusion, mais ce fut ma tête qui m'égara.

VERGNIAUX.

Aussi l'a-t-on mise à contribution,
comme le criminel qui devoit payer.

LAMOURETTE.

Mais par malheur, (si l'on peut citer
une burlesque chanson) *quand le che-*
val de Thomas tomba, Thomas ne
tomba-t-il pas aussi : l'on appelle de
toutes les affaires ; mais il n'y a point d'ap-
pel pour une tête coupée.

VERGNIAUX.

Le factieux cardinal des Rets, par ses
mémoires, l'ouvrage le plus séduisant que
je connoisse, m'avoit dès ma jeunesse
inspiré le goût des factions. Je devins insensiblement politique & phraseur.

Dans de grandes assemblées, disoit le
chancelier Bacon, il faut de grands mots;

ils en imposent aux hommes superficiels dont la multitude est presque toute composée : mais de quelque manière qu'on parle, on n'enchaîne pas l'opinion. Plus rapide que l'éclair, elle passe du père au fils, du maître au disciple, des villes dans les campagnes, & sur-le-champ toutes les langues, toutes les plumes écrivent & parlent à son gré ; c'est le coup de l'électricité.

LAMOURETTE.

Ainsi l'opinion étant pour le peuple français, les puissances coalisées seront contraintes de lui céder. C'est le plus redoutable général qu'on puisse leur opposer. On leur a dit dans mille écrits, on leur a dit de vive voix, on leur a dit avec des bouches à feu, on leur a dit en portant le fer jusque dans leur sein, que l'opinion étant la reine du monde, devoit tout subjuguer ; & ils ne peuvent s'en convaincre.

VERGNIAUX.

Ils nous diroient que nous en avons douté nous-mêmes, en ne prenant pas la même route que la convention.

LAMOURETTE.

Mais tous nos regrets étant maintenant

inutiles, jouiffons du bonheur d'exifter
fans corps, fans befoins, fans affujettiffe-
ment.

VERGNIAUX.

Vous n'avez pas toujours tenu le même
langage : vous n'étiez pas fâché d'avoir des
fens pour affociés. Qu'eft-ce qu'un prélat,
auriez-vous dit, s'il n'eft fenfuel ? car c'eft
chez lui, felon Boileau, que la moleffe
*sent sa langue glacée, étend les bras,
ferme l'œil & s'endort.*

LAMOURETTE.

Vous parlez des prélats non-affermen-
tés, & non des conftitutionels qui, fans
table, fans equipage, fans palais, avoient
à peine de quoi exifter.

VERGNIAUX.

Auffi ont-ils quitté la partie · cependant
cette place avoit été l'objet de votre ambition ; ne fût-ce que la diftinction d'un habit violet c'étoit un hameçon pour l'a-
mour propre.

LAMOURETTE.

Je ne fus ambitieux, je vous jure, que
relativement à l'ancienne conftitution que
je défirois voir profpérer, ayant pour

elle les sentimens d'un père à l'égard d'un enfant chéri.

VERGNIAUX.

Cependant vous deviez savoir mieux qu'un autre, que le nouveau testament abolit l'ancien.

LAMOURETTE.

Hélas ! je dis en mourant ce que dit le frere du cardinal de Richelieu, qui de simple chartreux devint archevêque de Lyon, que ne fais-je mort ignoré, j'aurois bien moins de fautes à me reprocher !

VERGNIAUX.

On dira que vous attendîtes bien tard l'un & l'autre à faire cette réflexion.

Si le républicanisme, d'après les principes d'unité, de fraternité, d'égalité, fût entré dans notre cœur, nous aurions su mépriser tous les titres, hors celui d'être homme. Quand on est parvenu à ce point de perfection, l'on a l'énergie d'une âme raisonnable. Ces honnêtes plébéiens que l'aristocratie nomma *sans-culottes* par dérision, & qui s'appliquerent eux-mêmes ce titre, pour prouver combien on est grand, lorsqu'on tire la grandeur de son propre fond, dirent comme le fameux Caraccie,

L 3

je fuis peintre auffi , *anche io son pittore*;
ils l'ont fait connoître , en montrant toute
l'énergie dont l'homme eft capable , en ap-
prenant aux grands qui ne les regardoient
que d'un air de mépris, qu'ils les valoient
bien ; & le patriotisme applaudit à leur
vigoureufe maniere de penfer, & l'équité
les a jugé dignes des premiers emplois.

LAMOURETTE.

Dégagé des fens, & de toute pensée terreftre , j'avoue que le républicanifme eft la
meilleure épuration , la plus propre à resti-
tuer l'homme à lui-même.

VERGNIAUX.

L'on s'identifie avec les honneurs, lorsqu'on vit avec des courtifans , & l'on ceffe
d'être foi pour devenir un compofé de toutes
les paffions, de tous les vices & de tous
les appétits fenfuels.

Le vrai républicain fe contente de l'eau
des fontaines, s'il n'a pas de vin ; de pommes
de terre & de ris , s'il manque de pain ;
pourvu qu'il meure avec l'obole qu'on
donne à Caron pour paffer la barque, il eft
content.

LAMOURETTE.

J'eus beaucoup de peine à faire ce trajet

VERGNIAUX.

Il feroit singulier qu'un évêque n'eût pas de quoi payer. Pour le coup ce seroit la première fois, les prélats les plus désintéressés ayant toujours quelque réserve, *même* ceux qui mouroient banqueroutiers.

LAMOURETTE.

Ce ne fut qu'au grand nombre des passagers que je dus le retardement dont je vous parle. Depuis quelques mois, Caron n'y suffisoit pas : il disoit en marmotant que les révolutions lui amenoient toujours beaucoup de monde, & que c'étoit le tems de sa récolte. Il hésita d'abord, s'il prendroit du papier ; mais quand il sut qu'il avoit toute la république françoise pour garant, il le prit à deux mains.

VERGNIAUX.

Je m'en rapporte bien à lui, il ne fait que de bonnes affaires, & quelque tempête qu'il survienne, il ne craint pas de le noyer.

Il y avoit au moment où je passai, nombre de morts sur le rivage, qui me demanderent, s'il devoit bientôt venir quelque riche financier, sans doute dans l'espoir qu'il payeroit pour eux ; car c'étoient des émigrés.

LAMOURETTE.

Et d'autant plus à plaindre, que quand
même ils auroient le denier, Caron ne me
paroit pas disposé à les passer.

XIIIe DIALOGUE.

Jeanne DU BARRY, Catherine ALBOUT.

ALBOUT.

Vous n'auriez pas daigné me parler dans
le pays que nous venons de quitter, malgré
l'excellente égalité qu'on a sagement éta-
blie ; car vous aviez pris un vol si élevé,
que toutes les filles de notre profession ne
pouvoient vous atteindre. Ma tante, hélas!
qui jadis dans votre détresse, vous avoit
rendu les services les plus essentiels, vous
ne voulûtes jamais la reconnoître. Vous
vous crûtes la première femme du monde,

& la plus honorée , parce qu'un valet-de-chambre vous avoit procuré les reíles d'un monarque qu'il falloit rajeunir.

Du Barry.

J'arrivois à la cour , & pour m'y soutenir, je devois tirer une ligne de démarcation entre mes anciennes connoiílances & les nouvelles ; & quelque chose que vous puiíſiez dire, les rois ont aílez d'honneur, pour en donner aux perſonnes qui n'en auroient pas.

Albout.

Vous auriez peine à le perſuader , surtout aujourd'hui , qu'on les a dépouillé de toute la dorure qui cachoit leurs vices. Si quelqu'un manquoit à ſa paroe , ſi quelqu'un ſoutenoit l'injuſtice , ſi quelqu'un donnoit ſa confiance aux perſonnages les plus décriés , ſi quelqu'un buvoit dans des coupes d'or les pleurs de l'indigent, c'étoit un monarque , & voilà l'honneur dont vous étiez revêtue. Par ma foi, j'aurois mieux aimé me morfondre au coin d'une rue , que de participer à de pareilles iniquités.

Dubarry.

Vous aurez fréquenté les ſpectacles , ou

lu quelque brochure romanefque qui vous aura donné ces grands fentimens. Ils font trop gigantefques pour une fille de votre état.

ALBOUT.

Je les ai pris dans mon cœur, au lieu qu'il n'y eut jamais dans le vôtre que l'amour de de la rapine & de la débauche. On rioit en vous voyant affecter à Verfailles les airs d'une majefté. On y difoit que vous étiez une reine de plâtre ; ainfi qu'on expofe des ftatues de cette efpece dans un fallon, où les plus belles font de porphire, ou de marbre.

DU BARRY.

Il n'y avoit plus de reine à la cour, lorf-que j'y fus admife. Antoinette y faifoit le rôle d'une foubrette ; je crus pouvoir y faire celui de fouveraine.

ALBOUT.

Vous ne vous en acquittâtes pas mal, en foutenant le parlement Maupeou, en fai-fant exiler le miniftre que redoutoient les puiffances étrangeres, en mettant à sa place un d'Aiguillon, le perfécuteur du malheu-reux la Chalotais ; en vous faifant fervir par les feigneurs & le grand - aumônier lui-même, qui avoit la bassesse de vous donner vos pantoufles; en procurant des bénéfices aux abbés les plus scandaleux; en gaspillant le bien du roy outre; en menant Louis XV comme un valet.

Du Barry.

Voilà bien des propos de basse-cour.

Albout.

Nom qu'on donnoit à celle de Versailles, quand vous en faisiez les honneurs, ou plutôt la honte.

Du Barry.

Je n'y parus qu'avec dignité, je m'y soutins de même, quoiqu'en aient dit des gazetiers payés par des envieux pour me décrier.

Albout.

Il falloit que les cours fussent bien imprégnées d'orgueil, puisqu'après les libelles qui vous ont assailli, après la prison, après l'échafaud, après la maniere lâche dont vous avez fini, vous êtes encore boursoufflée de vanité.

Du Barry.

Ne devois-je pas, pour vous plaire, être

habillée comme le peuple, prendre son jargon, & peut-être des sabots ?

ALBOUT.

Sachez que plus le peuple est mal vêtu, plus il est respectable aux yeux de ceux qui savent l'apprécier, que plus on reconnoît qu'il n'a pas dégénéré de nos premiers peres qui indistinctement menerent la charrue, avec la différence, comme dit une vieille chanson, que les soi-disant nobles déte-lerent le matin, & les pauvres l'après di-ner.

D'ailleurs ce peuple que vous semblez mépriser, n'en fûtes-vous pas vous-même qu'un très petit extrait. Eh ! plut au ciel que vous n'en fussiez jamais sortie, vous vivriez encore, & vous n'auriez pas em-porté la honte d'avoir contribué à la ruine de l'état.

DU BARRY.

Si ce n'eût été moi, c'en étoit un autre. Louis XV, le plus amateur de ses plai-sirs, le moins ami de ses sujets, ne con-noissoit d'autre empire que la volupté. C'é-toit son univers & ses dieux.

ALBOUT.

A L B O U T.

Vous en faites un joli portrait, & c'est
un pareil homme dont vous devintes l'esclave, en paroissant le maîtriser; au lieu
de lui inspirer des sentimens populaires,
vous le détachâtes de tout le monde &
de ses devoirs les plus sacrés, pour
le rendre le jouet de vos caprices & de
vos orgies. Quand il quittoit votre société, ce n'étoit plus qu'un simulacre de grandeur, tant vous l'aviez dégradé.

D u B A R R Y.

A vous entendre, on diroit que vous
fûtes la fille la plus vertueuse, la plus sentimentée, & personne n'ignore que vos
mœurs..... je m'arrête.

A L B O U T.

Je vous admire quand vous osez parler de mœurs, & comme si l'on ne savoit pas que votre langage fut celui d'une
poissarde, & qu'un grenadier n'eût pas
mieux juré.

J'eus sans doute le malheur de donner
dans des écarts, mais du moins ils ne nuisirent à personne qu'à moi-même. Encore
si l'on vous avoit vue dans la retraite de
Lucienne vivre en femme revenue de ses

égaremens ; mais il falloit une nombreuſe & brillante livrée, des valets de chambre ſuperbement habillés, le plus beau linge, les mets les plus délicieux, enfin des chevaux & des amans de relais. On dit que les princeſſes n'étoient pas mieux ſervies. Le premier ananas vous étoit deſtiné.

D u B a r r y.

Eh bien, j'aurai fait tous les rôles poſſibles en montant ſur le théâtre le plus brillant.

A l b o u t.

C'eſt-à-dire, farce, comédie, tragédie, & vous avez dit vrai.

D u B a r r y.

Et le tems eſt venu où j'ai fini mon rôle, comme vous avez fini le vôtre.

A l b o u t.

Avec la différence que je n'ai jamais brillé, & que je ne méconnus jamais les perſonnes de mon eſpece ; au lieu qu'ébloui de votre ſubite grandeur, vous fîtes comme ce gueux enrichi, qui aſſiſtant pour la premiere fois à un magnifique repas, s'enivra dès la ſoupe.

DU BARRY.

Et pourquoi renouveller des douleurs ? j'ai été affez punie.

ALBOUT.

Et moi autant que vous, quoique beau-coup moins coupable ; non que je veuille m'excufer, ayant peché grièvement contre la loi ; mais jamais mon délit ne fera com-parable au vôtre.

DU BARRY.

Et vous ne parlez pas du bien que j'ai fait à Lucienne, en y répandant des largeffes.

ALBOUT.

Langage de tous les riches, et même des avares ! qui, fur deux ou trois cens mille livres de rente dont ils jouiffent, croient avoir donné le Pérou, lorfque dans le cours d'une année, ils en ont répandu fix mille, & qui n'ont jamais un affignat de cent piftole au fervice d'un ami. Je n'ai jamais trouvé de fecours que chez les per-fonnes mediocrement fortunées. Si l'arifto-cratie ne hoit pas la langue des ci-devant gentilhommes, des milliers envindroient que l'indigence même vînt fouvent à leur

ai le, partageant avec eux le plus simple
necessaire.

Vingt chevaux, sans autre travail que de
vous mener trois fois la semaine à l'o-
péra, vivoient tous les jours à vos dépens,
tandis que plusieurs de vos semblables n'a-
voient ni subsistance ni gîte.

Du Barry.

Il paroît que vous fûtes acariâtre dans
l'autre monde, & que vous l'êtes encore
dans celui-ci.

Albout.

C'est l'explosion de la vérité, qui ne
peut trop éclater contre les tyrans de l'é-
tat N'étoit-ce pas assez que cet amas de richesses, de dorures, de bijoux qui nour-
rissoient votre orgueil, sans avoir encore
l'ambition de vous reproduire aux yeux
d'une nouvelle cour, bien délabrée à la vérité (je parle de celle des émigrés) mais
que vous espériez follement voir renaître
au premier moment.

Du Barry.

Quelle imagination! quelle malignité!

Albout.

Vous eûtes beau vouloir vous justifier,
votre apologie même devint votre accusa-

tion, tant vous la fîtes mal-adroitement.
On fait tout ici, & l'on y fait que votre
prétendu vol ne fut qu'une feinte pour aller en Angleterre, qu'on vous avoit tracé
le plan de l'intrigue qui vous y conduifit;
car vous n'aviez pas l'efprit de l'imaginer,
& que, dans l'efpoir de reprendre un nouvel éclat, vous devintes la courtiere des
princes émigrés.

Du Barry.

Vous en favez beaucoup plus que moi.
L'on juge prefque toujours les autres d'a-
près foi même, & en ce cas vous m'apprenez ce que vous auriez fait.

Albout.

Qui moi? hélas! contente de la petite exiftence que me procuroient des
moyens dont j'aurois dû rougir, je
n'eus ni ambition, ni orgueil, ni envie.
J'aurois été vertueufe fi la plus médiocre
fortune m'eût fourni; mais après avoir eu
une éducation foignée, je me vis fans parens, fans reffources, fans état, & c'eft,
je l'avoue, ce qui m'entraîna dans des
complots qui ont fait mon malheur.

Je devins mauvaife citoyenne, fans

presque m'en défier, entraînée dans l'abîme par de dangereuses suggestions.

D u B a r r y.

Mais qu'ai-je besoin de votre confession ? tous ces aveux sont maintenant superflus. Vous jouâtes à votre maniere, & moi je vécus à la mienne.

A l b o u t.

Vraiment les circonstances vous portérent où vous ne deviez jamais aller.

D u B a r r y.

Parlez-vous des vices de mon ancien état ? la cour étoit encore plus vicieuse que moi ; j'y appris des choses que j'ignorois malgré mes liaisons avec des gens dépravés, & depuis ma retraite, combien le libertinage n'y fit-il pas de nouveaux progrès !

A l b o u t.

Il falloit être bien aveugle, en vérité, pour aller en Angleterre, en revenir, y retourner, & reparoître ensuite en France avec sécurité, ou plutôt il falloit avoir l'esprit aliéné.

Peut-être imaginâtes-vous que votre

beauté vous donneroit des adorateurs parmi les anglais ; mais ce n'étoit plus qu'une rose fanée, malgré les sept ans que vous eûtes la tutute de vous escamoter la veille même de votre mort, lorsqu'on vous interrogea sur votre âge.

Qui sait ? aurez vous dit en vous-même, si je ne serai point acquittée, & quarante-deux ans me vaudront encore quelque courtoisie, si ce n'est d'un duc, ce sera d'un lord.

Du Barry.

J'ai passé mon premier tems parmi les filles de votre acabit, mais on n'y étoit pas si méchant ; il paroit qu'on s'y perfectionne.

Albout.

Oui, pour vous dire encore que votre mariage, aux conditions de vivre en dévergondée, & de ne jamais habiter avec le du Barry, étoit un rafinement qui manquoit au dix-huitieme siecle, ainsi qu'à l'histoire de Louis XV. Il eût fallu qu'il eût écrit votre vie, & que vous eussiez donné la sienne, pour avoir deux livres éditions.

Comme le duc de Bourgogne eût maltraité son fils, s'il eût pu le voir entre vos bras, lui qui , élevé par Fénélon , eût le maintien le plus décent & les mœurs les plus pures !

Du Barry.

Qui vous a si bien sifflée?

Albout.

Une femme unique, qui m'auroit souffletée, si elle m'eût vue vous parler, & qui seroit morte de douleur, si elle eût connu mes écarts. Le ciel l'enleva pour mon malheur, & je vécus dans un cercle vicieux, à la merci des hasards.

Mais du moins j'ai expié les écarts de ma vie par une mort ferme & courageuse, au lieu que vous, ma ci-devant comtesse, ma ci-devant presque reine, vous avez terminé votre carriere dans le délire du désespoir.

Et ce fut l'effet de cette oiseuse mollesse à laquelle la cour vous avoit accoutumée, & d'un commerce avec ce duc huché sur des jambes aussi minces que son esprit

Du Barry.

Personne ne m'avoit appris à mourir

Albout.

On n'a besoin que de soi même, quand

on a du courage. Maintenant qu'il n'y a
plus ici, ni ce beau pavillon, ni table,
ni toilette, qu'allez-vous devenir ?

D u B a r r y.

Ce que toutes les ombres font : favourer
le plaifir d'exifter, communiquer avec
tous les efprits, vivifier continuellement
mon âme aux rayons de la lumiere incréée,
d'où tout émane, & où tout doit retourner ;
gémir enfin fur mon incivifme & fur mes
égarement paffés.

A l b o u t.

Ce n'eft ici qu'une phrafe, mais qui
prouve au moins qu'en mourant, l'efprit fe
régènere, & que l'âme eft réellement fpiri-
tuelle, puifque la du Barry, qui n'exiftoit que
par les fens, fait enfin maintenant réfléchir.

XIV.e DIALOGUE.

REVERSEAUX, MAUSSION.

REVERSEAUX.

Il ne falloit pas moins qu'un supplice tel que le nôtre, pour acquitter en partie la dette des intendans à l'égard du peuple. Combien d'injustices & d'erreurs dans leur gestion, & de combien de torts ne nous avouerions-nous pas coupables, si c'étoit le moment de faire notre confession ! Nous ne paroissions dans les provinces, que pour y donner des ordres rigoureux, & pour y recueillir des honneurs.

MAUSSION.

Ce sont moins les places qu'on occupe, que l'éducation que l'on reçoit, qui trompent les hommes. Dès le moment que nous fréquentâmes les écoles publiques, on nous pénétra du système monarchique, comme du plus excellent, de manière à ne pouvoir nous en déprendre.

Reverseaux.

Votre réflexion eſt d'autant plus juſte, qui j'aurois presque demandé, à l'âge de quatorze ans, ſi un républicain étoit fait comme un autre homme. Les préjugés de l'enfance s'identifient avec nous, de maniere à devenir une partie de ce que nous ſommes ; & ce ne fut que mon pere, homme de loi, qui m'apprit enfin que la monarchie touchoit de trop près au deſpotiſme, pour n'être pas redoutable.

La lecture de l'eſprit des loix, me confirma dans cette opinion ; mais arrivé à des places qui flattoient l'orgueil, je m'accoutumai ſans peine à la domination, & je ſentis que cela ſe gliſſoit dans le cœur d'une maniere imperceptible, au point qu'on devenoit deſpote, en croyant n'être que ſupérieur aux autres.

Maussion.

La plupart des hommes ne ſe laiſſant dominer que par les ſens, les empereurs comme les rois, profiterent de cette foibleſſe, pour environner leur trône d'un éclat que n'ont point les républiques, dont la vertu fait le principal ornement. On ne connoît ni en Suiſſe, ni en Hollande, ce

faſte qui éblouit les étrangers. Les mœurs
y ſont ſimples, comme les habits. Il n'y a
point outre cela tous ces titres dont la vanité fait ſon profit. On ſe nomme Jacques
ou Jean, & le mot de *citoyen*, y eſt plus
impoſant que celui de *monſeigneur*.

REVERSEAUX.

Auſſi les républiques ſont-elles le ſéjour
des âmes réfléchiſſantes, au lieu que les
cours ſont l'habitation des eſprits folets.
On ne tient au gouvernement dans une
monarchie, qu'autant qu'on y trouve ſon
avantage, parce qu'on y devient égoïſte,
preſque malgré ſoi : tandis que, dans une
république, une & indiviſible, chacun ſe
dit à ſoi-même : j'ai part à tout ce qui ſe
fait, & je tiens tellement à la choſe publique, que je ne puis m'en détacher,
ſans nuire au bien général, & ſans me
rendre coupable.

MAUSSION.

Voilà ce que nous devions voir, & ce
qui va rendre chaque français tellement patriote, qu'à toute heure, il ſera prêt de
verſer ſon ſang pour la patrie. Déja il a
fait le ſacrifice de tous les plaiſirs frivoles
qui le tenoient attaché à une exiſtence futile ;

enfin

enfin c'est un autre homme : le papillotage avoit fait fous les rois un peuple frivole de la nation françaife ; excepté quelques perfonnages qui fortoient de la foule par un grand caractere , & par un amour décidé pour les fciences ou pour les arts, l'efprit n'y fervoit qu'à faire des petits-maitres. Les étrangers redoutoient un français, avant qu'il eut quarante ans. Il n'avoit d'autre converfation que des puérilités , d'autre efprit que le perfifflage, d'autres mœurs que des amours illicites , d'autre ton que la fatuité ; & malheureufement je parle ici contre moi-même.

REVERSEAUX.

Telle fut en effet l'éducation qu'on donnoit fous l'empire d'une cour efféminée, ou la galanterie jouoit le premier rôle , où ce qu'on nommoit *feigneur*, avoit mangé fon bien , avant d'en jouir , où l'on eftimoit moins un homme du peuple , qu'un épagneul , où le peuple lui-même ne fembloit exifter que pour ramper fous la nobleffe , & pour fe ruiner en fon honneur.

MAUSSION.

A peine entroit-on à Paris, qu'on étoit obfédé d'une foule de petits-maitres qui ne parloient qu'en étourdis, & qui valoient

N

leurs modes & leurs plaifirs, de maniere à changer de forme & de goût à tous les inftans.

REVERSEAUX.

Ajoutez qu'on n'étoit au niveau de la bonne compagnie, qu'autant que, dès l'âge de vingt ans, on avoit une maîtreffe, des cabriolets, des chevaux fringans, & fur-tout des dettes, qu'autant qu'on fe faifoit suivre ou précéder par des jockeis qu'on rendoit ridicules, à force d'obombrer leurs vifages fous des crins mal peignés.

MAUSSION.

A peine la nouvelle république s'eft-elle prononcée, qu'un nouvel efprit a tout changé. On n'a plus mis une toife d'inter-valle entre le noble & le roturier ; & la ci-devant ducheffe ofe enfin converfer avec le tiers-état, & même adreffer une phrafe entiere à fes gens.

Le coftume, l'air, le ton, tout eft mâle chez les nouveaux français, & par confé-quent nous avons été bien mal avifés de nous écarter d'une opinion qui les rendoit fi dignes d'eftime, car il n'y a pas de doute que jufqu'à la façon de fe vêtir, ne

tire sa source de la maniere dont on est gou-
verné.

REVERSEAUX.

De la réforme des habits, l'on va jusqu'à
la réforme du cœur. On auroit honte de
n'être pas robuste & courageux, quand
on est vêtu comme les anciens gaulois, &
c'est l'avantage des républiques, qui toujours attentives à proscrire le faste, ne se
montrent à Gènes comme à Venise, qu'en
habit noir.

MAUSSION.

Il n'y a pas de doute que des français
parfumés, n'auroient jamais opéré les
prodiges dont nous avons été témoins
L'esprit républicain les a élevés à une telle
hauteur, que rien ne les en fera descendre,
& que leur histoire, après quelques années, rapellera nos premiers ancêtres.
Même courage dans les combats,
même ardeur à défendre la patrie, à
plutôt s'ensevelir sous des ruines, que de
la laisser à la merci des tyrans.

REVERSEAUX.

Mais n'est-il point à craindre que ce
noble enthousiasme pour la simplicité des

maniere & des habits, ne foit que paffa-
gere, & que la nation françaife, naturellement légere, ne reprenne le goût des
modes & des futilités.

MAUSSION.

Il fuffit que la république donne le ton ;
comme on n'en peut douter, pour que cela
dure. L'égalité fagement décrétée, en
mettant les hommes au même niveau, eft
une interdiction de toutes les modes qui
pourroient occafionner des diftinctions.
En attachant un ridicule à ce qu'on appelle
muscadin, on ne fera pas tenté d'en prendre
le coftume. On mettra fa gloire à travailler
pour le bien général, à n'eftimer que ce
qui eft eftimable, & l'on perfévérera dans
l'amour d'une fimplicité peu difpendieufe,
d'autant mieux, qu'il n'y aura plus cette
étonnante difproportion de fortunes, qui
donnoit lieu aux plus grands excès. On
mangera pour vivre, on s'habillera pour
fe couvrir, & l'on ramenera cet âge ref-
pectable, où l'or ne faifoit point encore
l'objet de la cupidité.

REVERSEAUX.

Je vous comprends : & d'après cela,
je vois tous les peuples jouir du même

bonheur. Il en est de la félicité qui se communique aux autres nations, comme de la lumiere du jour ; ce n'est d'abord qu'un foible crépuscule, mais qui augmentant peu-à-peu, répand la lumiere par progreffion, & amene enfin le jour dans toute sa clarté.

MAUSSION.

Je conçois que l'arbre de la liberté, après avoir pris racine, se fortifiera, de maniere à réfifter à tous les affauts, fur-tout lorfqu'il eft dans un excellent terrein tel que la France, où chacun eft intéreffé à le faire profpérer.

REVERSEAUX.

Quoi qu'il en foit, la France donnera toujours le ton à l'Europe entiere : fes modes influerant fur tous les pays de l'univers, fans en excepter même la Sibérie, & fes manieres républicaines feront la plus forte impreffion fur tous les peuples.

MAUSSION.

Mais voici l'ombre de Philippe Egalité ; oui, c'eft elle-même.

REVERSEAUX,

Ne nous avifons pas de lui parler. ..

aussi décrié dans ce nouveau monde que dans l'autre , je m'apperçois que chacun le fuit , & que son âme est bourrelée, non du mal qu'il a fait , maisde n'en pouvoir plus faire.

MAUSSION.

Tout ce qu'il a pu gagner , en venant ici, c'est de perdre son visage bourgeonné.

REVERSEAUX.

Il va courir de planette en planette.

MAUSSION.

S'il le peut : & d'ailleurs y sera-t-il reçu ? l'on n'y souffre ni les traîtres , ni les grands.

REVERSEAUX.

Et c'étoit précisément cette caste-là qui se rendoit coupable des vices les plus bas & les plus honteux.

Quel bien d'ailleurs faisoient-ils , ces prétendus dieux de la terre qu'on encensoit de toutes parts ?

MAUSSION.

Les meilleurs ressembloient à ces maroniers-d'inde , dont les exhalaisons sont absolument nuisibles , & qui après avoir étalé la

plus riche magnificence , finiffent par
ne donner que des fruits amers.

REVERSEAUX.

Mais revenons fur nous-mêmes, & con-
venons que nous avons fait comme des
voyageurs, qui battus de la tempête, vont
précifément fe placer fous la foudre, dans
le deffein de l'éviter.

Et tout cela tenoit, comme vous le dites
très-bien, au malheur d'avoir été induits
en erreur par une éducation vicieufe, &
d'avoir contraété, dans notre intendance,
l'habitude de l'ariftocratie, qui ne faifoit
que croître, au lieu de diminuer.

XVe DIALOGUE.

LA BALMONDIERE, GENSONNÉ.

GENSONNÉ.

L'on n'a jamais vu aller au fupplice auffi
follement que vous y avez été. Des raille-
ries, des cris d'allégreffe, un perfifflage
au milieu des imprécations qui vous accom-

pagnoient, il y avoit de quoi se persuader que la mort étoit une douairiere opulente (car elle n'est pas jeune) que vous alliez épouser.

La Balmondiere.

Ce qu'il y a de sûr, c'est qu'elle seroit immensément riche, si elle gardoit la dépouille de tous ceux qu'elle déshabille.

Ma joie venoit de pouvoir me montrer comme un homme intrépide, & de ne pas mourir dans un lit, où l'on rend toujours tristement le dernier soupir. Quand on voit quelqu'un, disoit le poëte Malherbe, qui murmure à voix basse, en mourra-t-il ? n'en mourra-t-il pas ? quand on voit un valet qui se déconforte, un ami qui larmoie, un héritier qui pleure d'un œil & qui rit de l'autre, on s'attriste réellement, parce que tout cela ne peut qu'affliger.

Gensonné.

C'est aimer éperduement la représentation, que de se faire un plaisir de mourir sur un échafaud, que de se complaire à devenir soi-même spectacle, dans un moment où l'on a toute la peine du monde à être simple spectateur.

La Balmondiere.

On m'irritoit, & l'amour-propre, laderniere chose qui meurt dans l'homme, renforçoit mon courage & ranimoit ma gaité. Je voulois qu'on dît & qu'on répétât de tous côtés ; celui-là n'est pas mort en lâche, & j'y ai réussi.

GENSONNÉ.

Je n'ai eu, je l'avoue, qu'un courage muet. Les militaires ont en cela plus d'avantage que les autres. Familiarisés, dès leur jeunesse, avec la mort qu'ils voient à tout instant au bout d'une bayonette, d'un fusil, d'un canon, ils mettent, tant qu'on veut, leur vie à fond perdu, au lieu qu'on éleve le magistrat, le bourgeois, le financier, presque dans un étui.

D'après cela, je ne m'étonne plus si vous avez fait tout ce qu'il falloit, pour mourir en public, & revenir, en dépit de la loi, après avoir émigré, c'étoit bien s'assurer, je ne dirai pas une belle & bonne mort, mais un trépas certain.

LA BALMONDIERE.

C'en est fait, n'en parlons plus : vous êtes mort par surprise, & moi de plein gré. Nous n'en avons pas moins cessé d'être ; chacun en mourant, emporte une différente maniere de penser, & celui qui ne voit que des têtes tomber, ne connoit pas cette différence.

Cependant que de pensées diverses, que d'opinions contraires roulerent dans cs têtes, lorsqu'elles étoient animées : Pour peu qu'on en fit l'analyse, on trouveroit que chaque tête est un alambic où se filtroient des passions, une fournaise d'où sortoient des feux, un monde où il y avoit des nuages, des éclairs, des orages.

GENSONNÉ.

Et la vie qu'on passe sur la terre, est pour celui-ci une piece en cinq actes, pour celui-là une piece en trois; & quand le rôle finit, la toile se baisse, les lumieres s'éteignent, & adieu l'acteur pour jamais.

Telle est à-peu-près notre histoire. Il ne nous reste plus de toutes nos fictions, de tous nos projets, qu'un souvenir qui nous ronge.

Cent fois je dis à celui dont je tiens l'existence, de la reprendre & de m'anéantir; mais aucun ouvrage ne périt, & l'homme encore moins que tout autre.

LA BALMONDIERE.

Malgré le malheur qui m'atteignit sur la terre, & qui me poursuit encore ici, je suis moins attristé que la plupart des ombres qui rôdent autour de moi.

Cependant le souvenir du passé, la vue du présent, n'ont rien qui puisse me consoler : cela tient sans doute au caractère, & chacun a le sien.

GENSONNÉ.

J'ai voulu souvent étudier d'où venoit cette tournure d'esprit qui rend les uns plus taciturnes, les autres plus gais, car il y a des multitudes de pauvres & de malades qui conservent une joie inaltérable, des vieillards même, qui alternativement tourmentés de la goutte & de la gravelle, rient au milieu des plus vives douleurs. Sans être métaphysicien, je crois que le créateur n'ayant formé ni deux visages, ni deux esprits qui se ressemblent, il les a différencié de manière que l'un a pour lot la mélancolie, l'autre la gaîté.

LA FALMONDIÈRE.

Je souscris volontiers à cette observation que peu de personnes adopteront, parce que l'orgueil aime naturellement à contredire, & que les hommes en général ne veulent point céder.

GENSONNÉ.

J'attends d'un moment à l'autre des fédé-

ralistes qui ne pourront s'empêcher de parler ; car ils sont loquaces , & ils subiront à
coup sûr le même sort que moi. Brissot les
avoit instruit, & l'on sait combien il étoit
dangereux pour celui dont il s'emparoit. S'il
avoit été directeur , il auroit tourné le cœur
& la tête de ses dirigées , de maniere à les
rendre frénétiques.

LA BALMONDIRE.

Ne seroit-ce point l'ombre de du Frenoy
que j'entrevois ?

GENSONNÉ.

J'en doute.

LA BALMONDIERE.

Eh pourquoi ?

GENSONNÉ.

Il aimoit trop les écus pour les avoir
abandonné ; & s'il est vrai, comme le
croyoient les anciens, que les revenans,
qu'ils nommoient *lémures*, rôdent autour
de leurs trésors, du Frenoy ne s'en éloi-
gnera pas.

LA BALMONDIERE.

Tant-mieux, cela nous épargnera l'horrible aspect d'un avare.

Fin de la premiere partie.